dicas de GESTÃO & CARREIRA de um EMPREENDEDOR

Ladmir Carvalho

Copyright© 2023 by Editora Leader
Todos os direitos da primeira edição são reservados à **Editora Leader**

Diretora de projetos e chefe editorial:	Andréia Roma
Revisão:	Editora Leader
Capa:	Editora Leader
Projeto gráfico e editoração:	Editora Leader
Suporte editorial:	Lais Assis
Gerente comercial:	Érica Rodrigues
Livrarias e distribuidores:	Liliana Araújo
Artes e mídias:	Equipe Leader
Diretor financeiro:	Alessandro Roma

Dados Internacionais de Catalogação na Publicação (CIP)
(Câmara Brasileira do Livro, SP, BRASIL)

Carvalho, Ladmir
    Dicas de gestão e carreira de um empreendedor / Ladmir Carvalho. -- 1. ed. -- São Paulo : Editora Leader, 2015.

    ISBN 978-85-66248-22-7

    1. Administração de empresas 2. Carreira profissional - Desenvolvimento 3. Empreendedorismo 4. Empresários 5. Liderança 6. Motivação 7. Sucesso em negócios I. Título.

15-01236   CDD-658.421

Índices para catálogo sistemático:
1. Empreendedorismo : Administração de empresas   658.421

2023
Editora Leader Ltda.
Rua João Aires, 149 – Jardim Bandeirantes – São Paulo – SP
Contatos: Tel.: (11) 95967-9456
contato@editoraleader.com.br | www.editoraleader.com.br

DEDICATÓRIA

Para se escrever um livro não basta ter conteúdo, é importante ter motivação - e esta só se consegue quando estamos bem com nós mesmos e com os que estão à nossa volta.

Por isso dedico este livro em primeiro lugar às minhas filhas, que sempre me apoiaram, que sempre me incentivaram em todos os meus projetos. Ao mesmo tempo, dedico-o a minha neta, que veio ao mundo em um momento espetacular da minha carreira. Também a meus pais, que sempre estiveram ao meu lado em tudo o que eu acredito desde criança. Dedico a Sandro Parisi e José Ronaldo da Costa, meus eternos confrades e companheiros de trabalho, que me seguraram quando eu estava caindo. Estes mesmos, enfatize-se, sempre estiveram a meu lado não apenas no trabalho, mas em todos os momentos difíceis. Dedico também a minha namorada, Cláudia Santos, que me tem encorajado sobremaneira a concluir esta obra que tanto desejei se tornasse realidade.

Por último, mas não menos importante, não poderia esquecer todos que acreditam que na vida podemos contribuir para outras pessoas com o nosso conhecimento, que podemos fazer ouvir nossa voz com as mensagens em que acreditamos para que o caminho dos outros seja menos acidentado, porém tranquilo e sereno.

Desejo que este livro torne-se fonte de inspiração para quantos o leiam, a fim de que, lá na frente, mediante seus conhecimentos, possam também eles contribuir para o desenvolvimento pessoal de outros.

ÍNDICE

Introdução 6
A plena satisfação do cliente não garante faturamento elevado 13
A importância do hábito na carreira 17
Alinhamento de gestão para ganhar hegemonia 21
As habilidades do líder abundante 24
Coloque um tubarão no seu próprio aquário 26
Como aumentar a retenção de talentos 32
Competência para além do fator técnico 37
CRM: Cultura e Tecnologia 40
Delegar tarefas para poder crescer 45
Os desafios da nova administração 48
Distinção entre finanças pessoais e do negócio 54
Foco na diferenciação gera bons resultados 59
Granule a informação para errar menos 62
Indisciplina gera indisciplina 67
Líderes do passado e do presente são diferentes? 73
Network ajudando a crescer 78
O bom profissional sabe lidar com conflitos 80
O bom líder foca em quatro coisas 87
O poder da cultura organizacional 93
O contabilista como apoio à gestão 99

O líder proativo ou reativo 104
O marketing não precisa ser caro... 107
O poder do feedback positivo e negativo 111
Olhando o problema sob diversas óticas.. 114
Os tímidos são muito importantes para a empresa........................ 117
Padrões psicológicos para fechamento de negócio......................... 121
Políticas de mudanças... 124
Pontos de conexão na sua carreira 127
Problema se resolve na origem.. 130
Produtividade extrema... 134
Sensibilizando a equipe a favor do cliente....................................... 137
Táticas para vendas de serviços... 141
Técnicas de gestão de tempo 144
Técnicas de reunião 149
Testes de mercado inteligentes 154
Vendas para clientes diferentes... 157
Metas: fator de propulsão na carreira.. 160
Técnicas para mudar. 166
A importância do colaborador eficaz 169
Paradigmas podem prejudicar sua carreira ou sua empresa........... 175
O endomarketing é fundamental para o crescimento..................... 183

INTRODUÇÃO

A sociedade em que vivemos se transforma a todo momento, tudo muda o tempo inteiro, fazendo com que os profissionais tenham de viver uma metamorfose que ninguém sabe ao certo a velocidade que se lhe deve imprimir, considerando que o coletivo transcende o indivíduo.

Por mais que uma pessoa queira fazer as mudanças em si mesma ou no ambiente em que está inserida, não consegue efetivá-las sem entender claramente para onde a sociedade está indo, que tecnologias estão envolvidas, que nível cultural as pessoas possuem, enfim, entendendo o ecossistema que gravita em torno da profissão, da empresa, do mercado e das pessoas.

No ano de 2013 completei exatos 30 anos de profissão trabalhando no segmento de construção de software para a área empresarial. Com 20 anos de idade eu já estava envolvido com programação de computadores numa época em que poucas empresas de médio e pequeno portes podiam comprar um equipamento desta natureza. Naquela época eu já percebia que os clientes me contratavam para mudar algo em suas empresas, para tornar estas companhias mais fáceis de serem administradas, pois a minha função era construir software para agilizar o que então se fazia a manivela, por assim dizer.

A maioria dos empresários estava preocupada em automatizar procedimentos que já existiam, sem contudo alterar o método, apenas tornando-o mais ágil pelo uso da tecnologia. Porém, com o tempo, se foi observando que isso era insuficiente para a longevidade das empresas, visto que o mercado mudava mais rapidamente do que a maioria das empresas tinha capacidade de acompanhar no curso das modificações delas mesmas.

Em 1983 eu era um programador iniciante. Em 1989 eu estava fundando a Alterdata Software, uma empresa que tinha como missão construir software de gestão para outras empresas. Desde a fundação da Alterdata sempre fui um aficionado por controles administrativos, métricas, indicado-

res de desempenho, marketing, vendas e, principalmente, tecnologia. Pude praticar na minha empresa tudo o que eu via nas empresas dos clientes, tendo aprendido muito com cada um deles, a ponto de conseguir perceber o que dava ou não certo em função do crescente universo de clientes que estava observando.

Em 2014 a Alterdata chegou à marca de 30.000 clientes, o que é uma amostra muito expressiva para conseguirmos entender modelos de negócio vencedores e perdedores, a fim de compreender porque certas empresas dão certo e outras não.

Qual é a explicação para que alguns montem um negócio próspero do nada, enquanto outros, mesmo com vasta vantagem de uma formação nas melhores faculdades de administração, afundam uma empresa? Quais habilidades permitem que alguém pegue uma empresa medíocre e a transforme em líder do setor, ao passo que outros convertem organizações de ponta em verdadeiros fracassos? Certamente não existe uma resposta direta para estas questões, mas sim uma série de fatores que possibilita a magia acontecer.

A inteligência no padrão QI não é suficiente para ter sucesso. A graduação ou quantidade de estudo adquirido também não é suficiente. Tomada isoladamente, a forma de se comportar diante dos problemas também não é determinante. A maneira de liderar pessoas tampouco é relevante como elemento singelo. O que me parece fazer mais sentido, é o conhecimento polimórfico que gira dentro da empresa; é ter o domínio de um conjunto de habilidades; é ter a certeza de que a empresa precisa de algo que às vezes nem o empreendedor sozinho possui.

Um antigo provérbio diz: "O bom é saber e saber que sabe. Melhor ainda é saber que não sabe. Providencial é saber sem se dar conta. Mas o pior é não saber que não sabe".

Nas últimas décadas, centenas de estudos em organizações de todos os tipos avaliaram as aptidões que distinguem os indivíduos de alto desempenho dos medianos. Essas aptidões foram divididas em três domínios básicos: **1) Perspicácia**, que em grande parte significa a capacidade de aprender e pensar estrategicamente; **2) Expertise,** técnica ou habilidade essencial para aprender a executar um trabalho; e **3) Inteligência Emocional,** que consiste no autocontrole e na capacidade de interagir.

Quanto mais atributos deste todo reunirmos, melhores profissionais nos tornamos, mais atentos seremos, menos riscos correremos.

Desta forma, ter acesso à informação passou a ser fundamental para os negócios, pois se sabemos que algo é importante, contratamos um especialista para realizar tal tarefa, mas, se não sabemos que existe tal ciência ou necessidade, nada podemos fazer. Nenhum de nós precisa acumular volume astronômico de informações que os negócios exigem hoje e exigirão amanhã. A ciência cognitiva diz que podemos ter a gestão do conhecimento distribuída: em vez de estudarmos anos para aprender algo complexo, podemos ter à nossa volta profissionais excelentes nos vários campos do conhecimento.

Ao longo de 30 anos de trabalho construindo software de gestão para empresas, cheguei à conclusão de que os empresários precisam de conhecimentos diversos em diversas áreas, pois saber superficialmente que uma ciência, método ou teoria existe já é suficiente para aguçar a curiosidade de buscar mais informações ou contratar um especialista.

Fruto da ideia de vários clientes, comecei a escrever Dicas de Gestão para o universo de empresas às quais a Alterdata presta serviços, consistindo em textos curtos, objetivos e em linguagem fácil para o pequeno e médio empresário entender alguns conceitos que acredito serem importantes. A cada artigo que ia escrevendo, fui percebendo que muitos funcionários dos clientes estavam lendo, gerentes, supervisores e usuários em geral estavam se alimentando de informações relevantes, e desta forma, passei a incluir artigos de carreira como Delegação de Tarefas, Controle do Tempo e outros, aumentando expressivamente o número de leitores por semana.

Estes artigos foram aumentando em número e sendo transferidos de pessoa a pessoa através do Facebook. Assim, naturalmente, elas me incentivaram a reunir todos os artigos em um único livro, de tal forma que os empresários pudessem ler aos poucos, aleatoriamente, sem necessariamente constituir-se uma sequência rígida, a ser seguida à risca. Destarte, uma vez aguçado o interesse, seriam motivados a examiná-lo na íntegra.

O acúmulo de conhecimento hoje é impressionante. Por conseguinte, saber tudo é impossível, mas acho de suma importância saber um pouco dos principais conceitos, eis que apenas assim poderemos gerar as ações tendentes ao aprimoramento. A grande maioria das ideias de gestão são transformações de outras preexistentes, muito poucas são verdadeiramente inovadoras. Senão vejamos: em 1979, Michael Porter apresentou sua teoria sobre as forças que moldam a estratégia; em 1990, C.K. Prahalad e Gary Hamel escreveram sobre as competências essenciais de uma empresa; em 1995, Clay Christensen propôs a importância das tecnologias que quebram paradigmas.

A falta de conhecimento dos principais conceitos de gestão deixa os profissionais em desvantagem ou na defensiva quando os demais apresentam ideias administrativas importantes com as quais também deveriam estar familiarizados. A educação em gestão alimenta e desenvolve a inteligência nos negócios.

Sendo assim, este livro se propõe a ser o compêndio de todos os artigos escritos no período de dois anos, textos lidos por milhares de pessoas nas redes sociais, de forma a ser utilizado como instrução de elementos de gestão que acredito serem importantes para o crescimento das empresas e das pessoas. E ainda servir como mecanismo capaz de aumentar a cultura e a colaboração nas empresas, já que alguns clientes utilizam este conteúdo para fazer dinâmicas de grupo nas empresas, passando certos artigos como matéria de tarefa, estudo e debate nos respectivos departamentos.

Sendo assim, este livro deve ser lido não em sequência, mas nos momentos em que os temas apresentados lhe fizerem sentido, uma vez que, já percebi, alguns assuntos coincidem com certos momentos de alguns leitores, quando se tornam mais significativos. Entenda cada texto como sendo uma janela que se abre sobre determinado tema, o qual deverá ser aprofundado, ou delegado para que alguém o faça, quando entender que semelhante procedimento poderá agregar valor a seu negócio.

A PLENA SATISFAÇÃO DO CLIENTE NÃO GARANTE FATURAMENTO ELEVADO

A grande maioria das empresas acredita que clientes satisfeitos dizendo que indicariam a respectiva marca são garantias de fidelidade e faturamento alto, o que nem sempre é verdade.

Como trabalho há quase 30 anos no desenvolvimento de software de gestão, e administro a Alterdata Software, uma empresa com cerca de 30.000 clientes e aproximadamente 1.000 funcionários, acredito na gestão de forma matemática e não apenas por sensibilidade. Sendo assim, empenho-me na busca de novos modelos de gestão que possam minimizar os erros de decisão, visto que a compreensão do que se passa na cabeça do cliente é um dos grandes mistérios a ser desvendado.

Lendo um artigo na Harvard Business Review escrito por Timothy Keiningham e outros pesquisadores, a que se soma a experiência compartilhada pelo Walmart, uma das maiores redes de supermercados do mundo, pude constatar que existe outra forma de medir o impacto desta fidelidade no faturamento da empresa.

O Walmart, em 2008, fez um investimento gigantesco nas lojas para melhorar a experiência dos clientes – o que aumentaria expressivamente a satisfação dos consumidores. O faturamento, contudo, não melhorou, gerando uma grande interrogação à época. Depois de muitos estudos, concluiu-se que certamente o público estava direcionando o respectivo orçamento a outros concorrentes, ou seja, havia algo a mais a exigir apreciação. Pesquisa feita com 17.000 consumidores descobriu que uma pessoa pode admirar a nossa empresa e a do concorrente ao mesmo tempo; pode dizer que indica a nossa empresa, mas também pode recomendar a do concorrente, destarte distorcendo sensivelmente as pesquisas tradicionais destinadas a identificar a fidelidade do cliente.

O resultado foi a descoberta de que a classificação ranqueada de empresas está diretamente ligada ao volume de dinheiro nelas investido, ou seja, classificar as marcas concorrentes permite entender melhor a forma pela qual o consumidor distribui parte de sua verba pelos seus concorrentes. Não há como garantir que a satisfação dos clientes com a sua marca ou empresa represente, por si só, maior faturamento. Desta forma, instituir políticas de premiação baseadas nos indicadores tradicionais pouco refletirá no crescimento da empresa.

Embora seja óbvio que não dá para avaliar o desempenho da marca como se ela existisse no vácuo, isto é exatamente o que a maioria dos gestores faz ao medir a satisfação do cliente ou usar outros indicadores com base unicamente na percepção que o cliente tem da marca. O estudo demonstrou que é importante pesquisar comparando marcas ou produtos de forma ranqueada. Isso quer dizer que, em vez de perguntar se o cliente acredita em nossa marca, é melhor pedir-lhe que classifique, dentre as submetidas a avaliação, aquelas a que dá mais crédito. Por exemplo, se você é dono de uma Pet Shop na cidade, certamente tem concorrentes que podem estar conquistando os seus clientes. Sendo assim, para saber se seus clientes estão satisfeitos, faça uma lista dos principais concorrentes – uns cinco pelo menos. Peça-lhes que os classifiquem de 1 a 5, sendo o 1 mais importante. Feito isso, ao final da pesquisa terá uma matriz parecida com:

CLIENTE	PET 1	PET 2	PET 3	PET 4	PET 5
CLIENTE AAAAA	3	1	4	2	5
CLIENTE BBBBBBBBBB	3	2	5	3	4
CLIENTE CCCCCC	2	1	4	3	5
CLIENTE DDDD	4	1	3	2	5

Neste nosso exemplo, a sua loja será uma das Pet Shops da lista que abordará os clientes. Assim ficará mais fácil compreender que o cliente que dispõe de recursos para gastar com Pet Shop irá aplicá-los de acordo com o que achar das marcas, e não da sua marca isoladamente.

Para chegar ao peso da marca, aplique a fórmula abaixo para cada item da matriz acima:

Fórmula: (1- (Posição / (Número de Marcas+1)) X (2 / Número de Marcas)

CLIENTE	% PET 1	% PET 2	% PET 3	% PET 4	% PET 5
CLIENTE AAAAA	20	33	13	27	7
CLIENTE BBBBBBBBB	20	27	7	20	13
CLIENTE CCCCCC	27	33	13	20	7
CLIENTE DDDD	13	33	20	27	7
MÉDIA	20	32	13	24	9

Vemos neste exemplo que a loja Pet 2 está com a média mais alta, de 32%, e a Pet 4 com a segunda maior: 24%. Desta forma, se sua loja é a segunda, deve perguntar ao cliente por que ele prefere a concorrência – obtendo, assim, um novo ranking de motivos –, de modo a gerar uma estratégia compatível com vistas a atender à expectativa. Isso quer dizer que 32% do orçamento dos clientes está indo para a Pet 2, e 24% para a Pet 4. Se considerarmos hipoteticamente que cada cliente consome R$500,00 por mês do seu orçamento com este tipo de loja, teremos R$640,00 sendo gasto na Pet 2 e R$480,00 na Pet 4. A diferença entre as duas é de R$160,00, ou seja, se a Pet 4 souber porque alguns clientes preferem a Pet 2, e atender ainda melhor a esta expectativa, conseguirá aumentar o seu faturamento em 33%, algarismo extremamente elevado.

Porém, se a Pet 4 tivesse pesquisado pelos métodos tradicionais de satisfação de clientes, e não pelo método comparativo, provavelmente se daria por satisfeita com os clientes avaliando o seu negócio como excelente.

Esta nova abordagem poderá fazer o gestor compreender melhor que estará sempre e constantemente competindo pelo orçamento do cliente, vale dizer, pelo montante de que este dispõe para adquirir o produto daquele, prevalecendo, no entanto, seu próprio critério de avaliação, já que tem o poder de escolher onde empregará seu dinheiro. A análise comparativa propicia melhor entendimento da percepção dos clientes, e a investigação dos motivos que levam a esta avaliação oferece subsídios sólidos para esquematizar uma melhor estratégia.

Fica claro, portanto, que, sob a ótica do marketing, não adianta o gestor achar algo sobre o seu negócio: quem tem de achar alguma coisa é o cliente. E não adianta perguntar exclusivamente a ele: o importante é que as perguntas sejam feitas de forma ranqueada, tendo em vista os demais concorrentes. Neste caso, sim, estaremos usando uma metodologia que nos dará melhor compreensão de onde este cliente poderá gastar o seu orçamento.

Como gestor da Alterdata Software, lido com milhares de empresários dos mais diversos segmentos, sendo que a grande maioria comete o erro acima descrito. Boa parte destes gestores toma suas decisões com base na sensibilidade pura e simples, e não em modelos matemáticos baseados na ótica do cliente, fazendo com que a margem de erro das decisões seja elevada. O modelo de avaliação proposto neste artigo é aplicável a praticamente todos os segmentos de negócio, e dada a simplicidade do mesmo pode ser desenvolvido pela própria empresa, sem necessidade de contratar consultoria.

O importante é que o empresário tenha a certeza de que o ambiente empresarial está cada dia mais profissional, fazendo com que um pequeno comércio numa cidade do interior tenha condições de usar métodos sofisticados para alavancar seu empreendimento. É importante que os funcionários deste mesmo comércio, que talvez leiam este artigo, tenham em mente que este tipo de informação poderá transformar a empresa em que trabalham, agregando, destarte, um valor altamente significativo na carreira deste profissional. Ou seja, caso você trabalhe numa empresa em que o líder talvez não leia muitos artigos de negócio, você terá grandes oportunidades, se for um bom leitor, eis que poderá convencer o empreendedor de novos métodos e técnicas para fazer a empresa crescer, criando assim um ambiente mais favorável ao seu desenvolvimento profissional.

Não é de hoje que se fala que o cliente está no centro do negócio. Pela metodologia aqui apresentada, evidencia-se o que as empresas podem fazer para entender o que alavanca o faturamento – e isto nem sempre decorre do que acreditamos ser importante para o cliente. Isto posto, por que não deixar que ele decida?

A IMPORTÂNCIA DO HÁBITO NA CARREIRA

A carreira profissional de sucesso é muito mais uma questão de comportamento do que de conhecimento técnico, propriamente. Por certo, ter os hábitos corretos fará naturalmente com que o profissional tenha um comportamento adequado em todas as circunstâncias que se lhe deparem.

Pesquisas de neurociência têm evoluído muito no estudo do que se opera dentro de nossas mentes – e alguns aspectos já estão bem claros.

Nosso cérebro divide-se em **consciente** e **subconsciente**.

O lado consciente controla o que voluntariamente fazemos, é comandado por nossa parte racional, a exemplo de quando definimos conscientemente que precisamos tomar uma ação diante de determinada situação.

O lado subconsciente nos faz agir em tudo o que é automático: é quando não pensamos e simplesmente agimos. Quando estamos preparando um relatório para o nosso diretor e escrevendo o que ali precisará constar, é o nosso lado consciente que trabalha. Quando um colega pede nossa ajuda no momento em que estamos cheios de trabalho e simplesmente o destratamos de maneira brusca, é o nosso subconsciente agindo de forma automática.

Para termos sucesso em nossas carreiras, precisamos de conhecimento técnico sobre área de especialização, informações que são adquiridas num curso técnico, numa faculdade, numa pós-graduação ou qualquer outra fonte de aquisição de saber, mas este conhecimento técnico apenas e tão-somente nos iguala a outros milhares de profissionais que estudaram o mesmo assunto. O que fará a grande diferença na carreira é o nosso comportamento em face dos problemas e desafios que irão certamente se apresentar em nossa vida. Serão as ações e reações que abrirão ou fecharão portas na nossa caminhada profissional.

A neurociência tem demonstrado que o diamante está no sistema de freios que existe em nosso cérebro, uma rede que inibe funções. É utilizado para controlar a ansiedade, impedir que se grite com um colega, evitar que se fale demais em uma reunião. Cada vez que você refreia determinado comportamento, está usando esse sistema. Um líder deve ter a capacidade de se adaptar a ambientes e pessoas que mudam, a circunstâncias que se modificam. Precisa ser capaz de condicionar seu comportamento. Às vezes, você tem de inspirar, em outras situações, há que ser duro ou contido, ao passo que em outras precisará estar concentrado em algo.

Não raro comento com minha equipe, e em palestras que ministro, sobre a importância de termos hábitos regulares que formarão nosso comportamento diário de modo próprio. Por exemplo, se não somos habitualmente bons ouvintes, precisamos criar o hábito de ouvir. É importante que você faça o "sacrifício" de ser um pouco diferente de como tem sido para formar este hábito, de sorte que, no momento em que um subordinado vier se abrir sobre determinado problema, você fale consigo mesmo que não dirá nada até perceber que seu funcionário concluiu o que precisava dizer. Quando digo "sacrifício", tal significa que o exercício de criar o hábito é algo mecânico, chato, diferente, fora de propósito, por assim dizer, resultando em incorporar finalmente o hábito. Mas, insisto, precisará erguer-se acima de si mesmo.

Lembro-me de quando estava aprendendo a jogar tênis: o professor falava da importância de eu observar a bola vindo, perna esquerda na frente, joelho flexionado, cabeça ligeiramente inclinada, nádegas para trás, braço direito com a raquete para trás... Eram tantas coisas para pensar que a bola passava e eu nem via. Contudo, com o tempo, tudo foi tornando-se automático e hoje, quando o adversário bate na bola, eu não preciso mais pensar o que fazer – simplesmente faço. O mesmo se aplica à vida profissional: temos de cultivar bons hábitos e, para que tal aconteça, é necessário passar pela etapa ingrata de condicionar nosso subconsciente – lado do cérebro que é burro mas obediente – à medida que grava o que definimos e repete sempre, sejam coisas boas ou más, certas ou erradas.

Hábitos são difíceis de mudar. Muitos padrões convencionais de pensamento nunca chegam à atenção consciente. Isso acontece com a informação processada por órgãos como os gânglios basais – também chamados de "centros dos hábitos" –, que normalmente controlam atividades semiautomáticas como dirigir e andar, por exemplo; a amígdala, que dá origem às emoções fortes (medo, irritação etc.); e o hipotálamo, que lida com instintos (fome, sede e desejo sexual, entre outros). Toda vez que padrões neurais dos gânglios basais são convocados, criam mais raízes. Quando uma prática organizacional ativa um órgão, torna-se extremamente difícil removê-la.

Por isso, é necessário desenvolver novas condutas, que devem ser geradas nos gânglios basais. Aprender novos comportamentos costuma ser difícil e doloroso, porque implica superar de maneira consciente um circuito neural profundamente estabelecido e cômodo.

Há pouco tempo eu estava dando instruções sobre a importância do uso de indicadores de desempenho para administrar uma empresa e um determinado empresário comentou que não sabia como eu conseguia tempo para isso, pois o dia a dia da empresa dele o consumia tanto que não lhe deixava tempo. Então fiz ver a ele que, na verdade, a forma de gerir uma empresa é definida pelo comportamento do principal executivo. De modo que administrar uma empresa que cresce exige saber o que acontece nos detalhes, o que não é possível senão pelo uso de indicadores que tornarão mais fácil dar conta do desafio. O importante é o empresário criar ou adquirir o hábito de examinar os indicadores com frequência.

Desta forma, a minha sugestão para este executivo foi: fechar sua agenda em determinados horários para a análise de indicadores, quem sabe toda segunda-feira, entre 8h e 9h, quando analisará estes números; assim também, todo dia 5 de cada mês analisará os indicadores de resultados do mês anterior – e assim sucessivamente. A questão não é quanto tempo dispenderá, mas sim se condicionar a fazer certas coisas que julgue corretas, quando não imprescindíveis. Com o passar do tempo, o profissional observará que não precisa mais fazer "sacrifício" nenhum, pois tudo acontecerá natural e automaticamente, transformando-o em um profissional muito acima da média.

Quando eu tinha lá meus 20 e poucos anos e começava a ser exigido como um bom vendedor de software, percebia que precisava ter habilidades de negociação que ainda me faltavam. Precisava ter hábitos naturais que fariam a diferença no fechamento de negócios. Criei um script, uma lista com os elementos que eu julgava serem relevantes para apresentar ou argumentar com os clientes, especialmente o que fosse mais impactante. Depois de cada exposição, após sair do prospect, eu checava minha lista para ver se havia cumprido todo o roteiro que fora delineado. Obviamente, no início não chegava nem perto do esperado, mas, com o tempo, pude observar que estava falando tudo de uma forma muito natural, fazendo com que a minha taxa de conversão de vendas subisse extraordinariamente. Na verdade, com a minha lista, eu estava formando hábitos, condicionando o meu subconsciente.

Um segredo para formar hábitos é focar no que deve ser feito antes que jogue o foco naquilo que não se deve fazer. Psicólogos especializados no assunto dizem que, ao focar a atenção, não se deve reforçar o negativo, mas sim o que se faz de bom. A maioria das atividades cerebrais não distingue a diferença entre realizar uma atividade e evitá-la. Quando pensa repentinamente "Não devo violar esta regra", está ativando e reforçando padrões relacionados a violar a regra. Portanto, para engendrar uma mudança, é importante focar a atenção no estado final desejado, não em evitar os problemas. Esse reforço positivo orientado para a meta deve ocorrer repetidas vezes.

Tive uma experiência negativa com um funcionário que sempre chegava atrasado na empresa. Era um bom técnico, mas não conseguia chegar às 08h como todos os demais do departamento, o que estava causando um problema, posto que seus pares achavam isso injusto.

Durante a conversa com o profissional, ele argumentou que tinha um problema pela manhã, pois a esposa, os filhos e outros afazeres o atrasavam na hora da saída das crianças para o colégio. Como eu o conhecia e sabia que este não era o problema, apesar de ele acreditar que sim, combinei que resolveria o problema para ele, mudando o horário da entrada para 09h, o que o deixou muito satisfeito. Porém, como eu previa, ele continuou chegando atrasado neste novo horário, visto que obviamente o problema era a formação de hábito: ele era atrasado em tudo. Tentei demonstrar que ele precisava formar o hábito de ser pontual no trabalho. Se assim não fosse, chegaria atrasado ao cliente, atrasaria a entrega de um projeto, não cumpriria cronogramas, nem metas. Ele não me deu ouvidos, parecia achar que tinha nascido assim e não tinha jeito. Resultado: tive que demiti-lo. A empresa perdeu um bom profissional, porque o comportamento dele não era adequado para o trabalho em grupo, apesar de ser perfeitamente possível corrigir, já que estamos falando de hábito.

Então, preste atenção em tudo o que você julga importante fazer e não consegue de uma forma natural. Saiba que existem profissionais tão bons quanto você sob a ótica técnica, e que estão se preparando, se condicionando a ter comportamentos mais adequados a profissionais de alto desempenho.

ALINHAMENTO DE GESTÃO PARA GANHAR HEGEMONIA

Uma empresa é composta de várias pessoas que têm poder de decisão diferente e que veem como prioridade coisas distintas baseadas nos valores que cada um possui, bem como nas visões e percepções de determinada situação. Estes são aspectos ligados ao plano pessoal, uma vez que estamos falando de elementos subjetivos ou interpretativos de cada pessoa da empresa, merecendo, pois, uma metodologia para lidar com a situação.

Contudo, para uma empresa não é interessante que os valores sejam pessoais e sim corporativos, para que a companhia seja um conjunto de pessoas pensando de modo semelhante, de tal maneira que estes valores corporativos estejam à frente dos valores individuais, permitindo que a forma de decidir e o estilo de priorizar tarefas sejam homogêneos. Remadores olímpicos ganham uma prova não pela força ou brilho de um elemento, mas pelo alinhamento e cadência de toda a tripulação, exatamente como funciona em uma empresa, onde a força desta está na forma homogênea de pensar, de agir e de decidir comungada pelo grupo. Um único líder eficiente não faz uma empresa vencedora.

Bonito de falar, mas como fazer uma empresa que tenha 10 ou 10.000 funcionários trabalharem alinhados com princípios que farão todos terem a mesma forma de interpretação dos problemas?

A essência está em o topo da pirâmide hierárquica se envolver diretamente em passar cultura para todos, fazendo reuniões de grupos de líderes para debater determinadas decisões tomadas, para analisarem em conjunto situações pontuais relativas ao grau de responsabilidade de cada líder, para enfim decidirem juntos como passar certas mensagens e instruções para os respectivos liderados. É muito importante que os principais executivos da empresa tenham a certeza de que o alinhamento partirá deles mesmos, que as pessoas precisam saber o que este executivo espera de cada um, o que só é possível com um processo de comunicação eficiente de cima para baixo na hierarquia.

Na minha função de fundador da Alterdata Software, porque tenho contato com empresários grandes e pequenos de inúmeros segmentos, muitas vezes já escutei o principal homem da empresa reclamar muito de seus subordinados sem perceber que, na verdade, a equipe está perdida, solta, sem rumo exatamente por este mesmo executivo não ter contato direto com cada um a fim de discutir assuntos do tipo "como tomar uma decisão em determinado momento". Se este alinhamento não existe, cada gerente encontrará a sua forma de interpretar os problemas e a maneira de resolvê-los, as quais nem sempre se alinham com os princípios e valores da companhia.

O principal executivo ou dono da empresa precisa ter a certeza de que por mais competentes que seus gerentes sejam, eles possuem formas distintas de analisarem e gerarem ações, não cabendo crítica a cada um sem a prévia certeza de que possuem todas as informações para tomarem as decisões com base na forma de pensar do topo da hierarquia.

Desta forma, sugiro algumas ações que podem mudar este panorama:

1) Realizar reuniões quinzenais com todos os líderes – ou, se a empresa for muito grande, com os principais líderes – para que se discutam situações reais, concretas, recentes, que envolvem necessidade de se tomarem decisões fortes. Deve ser uma reunião de aproximadamente 1h30min de duração e completamente focada em casos reais, sem teorismos e abstrações. O principal executivo da empresa deve estar ali presente para que todos entendam a forma de pensar e agir dele. Neste momento, assim que um dos líderes apresentar um caso, o executivo não deve logo decidir, mas sim fazer todo o grupo engendrar a melhor decisão, focada nos valores únicos da companhia. Se aqueles não estiverem convergindo ao ponto que o executivo deseja, este deve intervir para manifestar sua visão, criando assim o alinhamento.

2) É importante que todos os líderes tenham uma lista atualizada das principais prioridades do seu departamento, a qual deve estar classificada por ordem de urgência. O executivo deve eventualmente analisar esta lista para saber se o gerente está priorizando certo, ou seja, se está dando preferência segundo os valores e princípios da empresa de modo a fazer diferença. É possível que um determinado gerente não esteja alinhado, não saiba para onde a empresa está indo, priorizando destarte suas ações de maneira tal que não contribuirá para a companhia como um todo.

3) O executivo deve deixar as pessoas decidirem. Psicologicamente falando, todos aprendem com os acertos e erros. Sendo assim, uma grande falha dos líderes é não permitir que os liderados tomem decisões, a fim de evitar riscos. Ao mesmo tempo em que o líder concentra as principais decisões em si próprio, cria um grande problema para o crescimento em geral, pois os liderados, que um dia serão comandantes, não estarão sendo formados para realmente serem solucionadores de problemas, antes que apenas depositários de problemas.

4) O executivo e os principais líderes devem reservar um tempo na agenda destinado a ter contato direto com os subordinados, devem indagar diretamente sobre o andamento dos planos de ação do setor, para neste momento inteirar-se da forma que este liderado está agindo em face das situações que emergem no dia. Quanto mais alto na hierarquia da empresa estiver, mais tempo o líder deve destinar à gestão, propriamente, e menos tempo a questões de ordem operacional. Se o líder realizar tarefas operacionais em excesso, seguramente não terá tempo para alinhar sua equipe. Ademais, para aumentar este tempo de gestão, deve ir delegando as tarefas operacionais aos subordinados de forma gradativa.

5) É importante que o executivo/proprietário não permita que os líderes abaixo dele na hierarquia trabalhem sem métodos específicos de gestão, ou seja, mediante práticas que sejam realizadas pelos demais líderes. É muito cômodo para um empresário contratar uma pessoa para certo cargo de comando e dar-lhe plenos poderes, pois afinal ela foi contratada para isso. Porém, o fato de cada líder trabalhar da forma que melhor acredita ser a ideal resulta em desalinhamento nocivo ao crescimento. O ideal é permitir experimentos de metodologias por setor, mas assim que for comprovado o sucesso, que este padrão de gestão seja levado aos demais líderes, tornando-se assim patrimônio da empresa, e não mais de determinado gestor.

■ ■ ■ ■

Sendo assim, a mensagem central é "ter contato regular com os líderes para alinhar os valores decisórios relevantes para a empresa".

Ladmir Carvalho

AS HABILIDADES DO LÍDER ABUNDANTE

Segundo David Ulrick, um dos mais conceituados doutrinadores sobre gestão de pessoas, em artigo publicado na Revista HSM, é muito importante na sociedade do conhecimento na qual vivemos que o líder saiba dar um sentido à vida das pessoas que trabalham numa empresa, vale dizer, que os funcionários não trabalhem apenas por salário. Segundo estudos psicológicos, as pessoas vivem por emoções, e estas podem ser administradas no interior de uma empresa – basta o líder estar ciente do que move o coração das pessoas. Certas ações diárias do líder transmitem visões de futuro que podem contribuir positiva ou negativamente na inspiração de todos.

Segundo o autor, uma empresa precisa ter seis elementos básicos para ser considerada abundante:

■**Esperança:** é ter a expectativa de que virão os melhores resultados no futuro, e para isso o líder precisa criar esta visão de futuro, demonstrar para todos o que deverá acontecer.

■**Criatividade:** é enxergar alternativas não vistas, tendo isso a ver diretamente com o ambiente criado para que todos consigam colaborar com novas ideias.

■**Resiliência:** é tentar de novo, e de maneira nova, a partir do aprendizado. É ter a certeza de que tudo pode ser melhorado.

■**Determinação:** é a tenacidade duradoura. Significa não desistir ao primeiro problema enfrentado, é mudar de estratégia perseguindo o mesmo objetivo.

■**Inventividade:** não é criatividade, e sim conquistar a capacidade de sustentar a ação. Somos inventivos quando recorremos aos outros em busca de conselhos para aprimorar e variar o que já está sendo feito.

■**Liderança:** é a arte e a ciência de fazer as coisas acontecerem. Não é falar, mas sim gerar ações coordenadas com a tese que se defende de sorte a fazer acontecer.

Os líderes precisam ter um código de liderança, formado por cinco habilidades básicas. Quando elas são oferecidas de maneira abundante, os líderes se tornam produtores de sentido e criam uma organização abundante. De acordo com a ênfase em cada uma dessas habilidades, os líderes podem ser:

■**Estrategistas:** criam uma visão, missão, pauta ou propósito que conquista a alma dos funcionários internamente e dos clientes externamente.

■**Executores:** fazem acontecer menos pelo direcionamento e mais ao compartilharem a compreensão de um objetivo comum; menos "gestão por objetivo" e mais "gestão por modo de pensar compartilhado".

■**Talentosos:** não só garantem que os funcionários sejam competentes (capazes de fazer um trabalho) e comprometidos (dispostos a fazer um trabalho), mas que tenham um senso de contribuição (encontram sentido no trabalho que fazem).

■**Desenvolvedores de capital humano:** investem constantemente na geração seguinte e preparam líderes futuros.

■**Proficiência pessoal:** encontram sentido pessoal em sua capacidade de liderar os outros; esse sentido vem quando os líderes aprendem, crescem, envolvem outros e agem a partir de personalidade autêntica.

COLOQUE UM TUBARÃO NO SEU PRÓPRIO AQUÁRIO

O ser humano em geral nasceu para ser desafiado: durante milhões de anos tivemos de correr para conquistar nossos objetivos, de sorte que já na época das cavernas éramos desafiados a conseguir alimentos, fugir de predadores, procriar para continuidade da espécie, enfim, não podíamos ficar parados.

Quando os desafios não existem, perdemos o nosso brilho natural, e isso não acontece apenas conosco, mas também com outros animais, existindo uma correlação com certos fenômenos da natureza.

Os japoneses sempre gostaram de peixe fresco. Contudo, as águas perto do Japão não produzem mais peixes há bastante tempo. Desta forma, para conseguir abastecer a população do país os japoneses começaram a fabricar navios pesqueiros maiores para que pudessem ir a grandes distâncias. Quanto mais distante os navios iam, mais demoravam para retornar com os peixes, e se demorassem mais do que alguns dias, o peixe já não era fresco, o que repugnava os consumidores, uma vez que eles gostam apenas do sabor de peixes frescos. Para resolver o problema, as empresas pesqueiras instalaram frigoríficos em seus navios, que congelavam os peixes assim que eram pescados, permitindo que as embarcações fossem mais e mais distante em alto mar. Entretanto os japoneses conseguiam distinguir entre o peixe fresco e o congelado, e não gostavam do peixe que tinha passado pelo frigorífico. Mais uma vez as empresas de pesca tentaram resolver o problema: instalaram nos navios grandes aquários em que iam colocando os peixes vivos à medida que eram pescados, lotando os tanques até não caber mais, assim fazendo com que os peixes retornassem vivos em aquários superlotados onde não conseguiam mais nadar por falta de espaço, chegando, portanto, cansados e abatidos, embora vivos. Infelizmente os japoneses não gostavam do sabor destes peixes, pois em função de não se mexerem, não se exercitarem, os peixes perdiam o gosto do frescor. Os japoneses prefeririam o fresco sabor do peixe ativo, e não do peixe apático.

Então, como resolver este problema?

Quando estamos nadando em nossa vida profissional, estamos nos movimentando o tempo inteiro, estamos correndo atrás de objetivos e sonhos, tal nos torna um tipo de profissional muito alerta e dinâmico. Não raro, porém, a vida nos coloca em aquários onde não precisamos nadar, onde não precisamos nos preocupar, onde não necessitamos nos esforçar para conseguir algo, e com isso nos tornamos profissionais apáticos, lentos e sem brilho. A maioria das pessoas que conquista algo significativo – profissional ou pessoal –, tende a se acomodar, como se não mais precisasse trabalhar com tanto empenho. Dessarte o fator psicológico nos torna peixes lentos. É o mesmo problema de ganhadores da loteria que gastam todo o dinheiro que ganharam, de herdeiros que nunca crescem, e donas de casa entediadas, que se tornam dependentes de remédios de tarja preta. Também acontece quando recebemos um cargo na empresa e, após dominarmos as respectivas tarefas, passamos os nossos dias de forma mecânica e estável, não nos exigindo grande esforço diário, já que podemos fazer as mesmas coisas certas o tempo inteiro, tornando-nos assim tarefeiros lentos e previsíveis.

Segundo L. Ron Hubbard observou no começo dos anos 50: "O homem progride, estranhamente, somente em um ambiente desafiador". Quanto mais inteligente, persistente e competitiva a pessoa for, mais gostará de resolver problemas. Se seus desafios são de proporção correta e você consegue, passo a passo, superá-los, tornar-se-á uma pessoa feliz. Ao pensar em seus desafios, ficará mais feliz, mais realizada em tentar novas soluções.

Os japoneses não pararam de pensar até resolver este problema mercadológico dos consumidores que apreciavam apenas peixes frescos, e chegaram a uma conclusão muito semelhante ao que acontece no mundo real dos humanos: colocaram dentro do aquário, junto com os peixes, um pequeno tubarão. Este predador come alguns peixes, mas a maioria deles chega ao destino viva, muito viva, esperta e nadando rápido, e desta forma, muito fresca. Os peixes são desafiados, ficam com medo e o instinto os faz ficarem espertos. Com isso as empresas de pesca preservaram seus peixes frescos, retornando os preços aos patamares anteriores.

Metaforicamente, ter um tubarão no aquário é saudável. Desta forma o profissional de qualidade deve mergulhar no aquário que tenha um tubarão, deve estar ligado em ambientes muito competitivos, deve se colocar em situações desafiadoras na maior parte do tempo, o que o tornará muito mais preparado. O bom profissional não fica esperando alguém colocá-lo no aquário com o tubarão, mas sim obriga-se a estar o tempo inteiro sendo desafiado.

Se você é líder de um setor ou empresa, lembre-se que seus subordinados são seres humanos regidos por esta lei do tubarão, ou seja, se você não mantiver o grupo desafiado, tenderá a ter pessoas acomodadas e descansadas no seu grupo. Sendo assim, é importante que tenha metas e objetivos que façam todos velozes e alertas o tempo inteiro. E para que isso aconteça, não necessariamente é preciso usar força ou cobrança excessiva, não precisa tornar a empresa ou o setor ambientes hostis, pois o fundamental é que todos se sintam cobrados sem se sentirem escravizados. Importa que todos sintam que há um lugar a que chegar em determinado tempo.

Como diretor e fundador da Alterdata Software, tenho a oportunidade de conhecer e contribuir para melhoria de cerca de 30.000 clientes, empresas de todos os tamanhos e com todo tipo de problema. No trato com alguns clientes impressiona observar empresas apáticas, sem brilho, sem velocidade, e normalmente isso acontece porque o principal executivo se encontra nesta situação, com reflexo sobre todos da empresa. Vejo companhias em que a segunda geração, profissionais com aproximadamente 30 anos, está assumindo as empresas dos pais, que ora andam pela casa dos 55, onde o conflito de velocidade e interesse é notório, passando até mesmo a complicar a relação e o desempenho da empresa. Certamente, tal acontece porque os mais idosos não querem mais um tubarão no aquário, mas os mais novos precisam deste tubarão para manter o ritmo.

Vivemos uma era onde a velocidade da transformação rege o nosso tempo. Mas, numa rápida reflexão, entramos 1900 praticamente com o mesmo meio de transporte que na época de Cristo, e antes de acabar o século já o homem pisava na lua, um avanço impressionante. O ideal é vermos esta velocidade com que as coisas acontecem como um grande tubarão em nosso aquário, fazendo-nos atentos a evoluir sempre, a mudar continuamente, a tentar prever ao máximo o que poderá acontecer à frente. Segundo Factor Gretzky, o impressionante jogador de hóquei: "O importante não é onde o disco está, mas sim para onde ele está indo". O disco, do jogo de hóquei no gelo, é muito rápido, muda de direção o tempo inteiro, muito semelhante ao mercado de trabalho, às inovações, às mudanças do concorrente. Destarte é importante, além de fazer o hoje bem feito, tentar prever o amanhã com menos erros.

Sendo assim, uma boa forma de manter o tubarão sob controle é planejar o futuro, sem deixar que ele nos sobrevenha ao sabor do acaso. Você poderá agir singularmente dependendo do seu cargo na empresa:

■**EMPRESÁRIO:** Pare uma tarde, pense na sua empresa. Comece refletindo qual o propósito da sua empresa. Se você tem uma Pet Shop, reflita se o objetivo é atender bichinhos e vender produtos, ou é tornar os donos dos animais mais felizes com a excelente saúde destes. Agora que definiu o motivo filosófico da sua empresa existir, pondere se as ações, rotinas, métodos aplicados estão de acordo com o propósito da empresa: você poderá se surpreender com rotinas que visam apenas o caixa antes que a filosofia da companhia. Neste momento, pare e pense mais uma vez, analise se as pessoas que trabalham na empresa possuem os valores, as crenças, a ética para contribuírem para o propósito da firma. Indo mais longe, analise se há um tubarão no seu aquário, se tem algo que o faz mover-se rapidamente, se tem um concorrente agressivo, se existe uma premência de mudar algo, se há uma ameaça ao seu negócio, se o seu mercado está mudando mais rápido do que a sua capacidade de se adaptar. Se existir este tubarão, ótimo!, você correrá com vistas a tornar-se uma empresa diferenciada no mercado. Mas se você não se vê amedrontado pelo tubarão, sugiro que contrate alguém para ajudá-lo a descobrir o(s) fator(es) que lhe colocará (ão) em desconforto.

■**GERENTE:** se você é um gerente ou líder de departamento precisa ter a noção de que é muito importante você colocar um tubarão no seu setor, que as metas e objetivos sejam desafiadores, que as pessoas percebam que uma empresa se faz com cada setor contribuindo para o todo. Se tudo estiver muito calmo no departamento é sinal que algo não está indo bem, pois inovação e transformação contínua é o que garante o crescimento de todos na carreira, e o crescimento se faz com suor, dificuldade e desafio. O líder precisa estimular todos a contribuírem com a gestão em vez de apenas serem tarefeiros. Segundo Gary Cohen, reconhecido jornalista esportivo nos EUA, "os bons líderes não dizem a seus colaboradores o que têm que fazer: motivam-nos a agir com perguntas". Isso quer dizer que gerar questões polêmicas faz parte de manter todos em movimento, nadando forte para não serem engolidos pelo tubarão chamado "mudança".

Já escutei de alguns funcionários de clientes algo como: "Aqui na empresa é terrível, a cobrança por objetivos é muito pesada, o líder fica medindo a empresa inteira, de tal forma que temos que estar aprendendo o tempo todo". Normalmente esta é o tipo de empresa que ficará viva por dezenas e dezenas de anos... Esta é a empresa que mais abre oportunidades para todos subirem na carreira e quase sempre é a empresa que mais suporta as marolas e oscilações do mercado em que está inserida. Todo segmento de mercado tem momentos bons e ruins, contudo, a empresa que mantém o ritmo forte e contínuo nos dois momentos é a que mais tem destaque. Empresas existem que quando estão no momento bom, sem o tubarão, levam as coisas de forma superficial, sem cobranças, sem metas, sem objetivos claros, perdendo assim o foco e o momento de crescer de forma bem estruturada. O que acredito ser importante para o bom profissional é perceber que o ritmo de uma empresa precisa evoluir como se estivesse o tempo inteiro em crise, controlando os custos sempre, aferindo resultados todos os dias, fixando metas de curto e longo prazo para todos os setores da companhia, criando, por consequência, um jeito próprio de ser, uma pegada forte, independentemente da situação em que se enquadra.

Se você trabalha em uma empresa onde as coisas são muito fáceis por falta de cobrança, metas e objetivos, você tem uma oportunidade fantástica de crescimento. Comece você mesmo a colocar um tubarão no aquário, crie seus objetivos, estimule o seu líder a criar indicadores de desempenho por setor, fomente um ambiente veloz. Feito isso, não tenho dúvidas de que você ganhará muito valor na empresa. Lembre-se, porém, que este processo de mudança é muito psicológico, tem a ver com persistência e hábitos regulares. Então, não adianta apenas falar, é importante praticar. Não se esqueça também que poderão haver gerações de idades muito diferentes, que precisam de estímulos distintos. Os integrantes da Geração Y, que estão com menos de 30 anos, gostam de desafios, fazem muitas coisas ao mesmo tempo, querem curtir o caminho mais do que sonhar com a chegada, ao passo que as pessoas que estão com mais de 50 anos são mais estáveis, sonham com algo que lhes dê tranquilidade e estabilidade. Isso quer dizer que o tubarão no aquário terá efeitos diferentes para cada perfil de profissional, tendo em vista que estamos falando de motivações psicológicas.

Então pratiquemos: como atividade, que tal se você, como líder, pegar este artigo, imprimir e passar a todos na empresa para que o leiam? Dê um ou dois dias para que todos o analisem refletidamente. Daí, marque uma reunião com todos, pedindo para elencarem quais são os tubarões que fazem com que eles corram, que se movam continuamente. Você observará que alguns não possuem algo visível que os cobre – o que não está correto. Alguns departamentos visualizam tubarões imaginários, que existem apenas na cabeça de uma pessoa e não no departamento em que trabalha. Diga para todos que esta dinâmica tem como proposta criar um ambiente colaborativo, que todos ajudem a montar uma estrutura de cobrança mútua. Você verá comentários segundo os quais um setor não funciona bem porque depende do outro departamento, tentando assim trocar o tubarão de tanque, eximindo-se do desconforto. Verá pessoas que não abrigam medo do ambiente veloz e mutável, da mesma forma que haverá aqueles que acham estressante e cansativo estar estudando sempre. Enfim, você, como líder, estará criando o que é mais importante para uma empresa: entender o seu time, saber mais detalhes das pessoas, e ainda ter a chance de ser o tubarão no aquário de cada setor, visto que a presença do líder envolvido, criando objetivos e metas, faz todos se mexerem, crescerem e se aprimorarem.

■ ■ ■ ■

Esteja certo de que sua empresa funcionará melhor com um tubarão no aquário.

Ladmir Carvalho

COMO AUMENTAR A RETENÇÃO DE TALENTOS

O Brasil tem crescido, as oportunidades estão surgindo, os negócios tendem a potencializar-se, cenário este que constitui verdadeira ameaça ao empresário de não conseguir manter os seus melhores talentos, não conseguir ter o ambiente necessário para que todos se sintam bem e permaneçam na empresa.

Para que tal aconteça é importante que o gestor tenha noção clara de que uma empresa moderna se faz com profissionais de qualidade, e que estes profissionais precisam, antes e acima de tudo, acreditar no principal executivo da empresa. É fundamental que o gestor entenda que ele não está fazendo favor nenhum em oferecer emprego aos funcionários, mas sim que o funcionário atual tem o poder de escolher o melhor local em que deseja trabalhar. Desta forma, tudo é uma troca, a empresa fornece trabalho, projeção, conforto, esperança, estudo, melhoria de vida, e o funcionário fornece inteligência, dedicação, comprometimento, visão e outros atributos.

Tanto o principal gestor como os gerentes médios na hierarquia precisam ter a certeza de que eles são observados o tempo inteiro, estão sendo analisados pelos subordinados, estão contribuindo como um referencial. Todos os gestores possuem pontos fortes e fracos, sendo assim necessário se conhecerem em profundidade para aprimorar os pontos que lhes são fracos, visto que podem comprometer o relacionamento com os subordinados. Para facilitar a compreensão, fui buscar inspiração num artigo escrito por Ginka Toegel, professora de comportamento organizacional na Suíça, na Revista HSM Management, numa dissertação de Todd Rogers, pesquisador da Harvard University, na Revista Harvard Business Review, bem como numa matéria de autoria de Rich Hein, CIO nos EUA, na Revista Computerword, que vêm somar ao que acredito ser relevante.

Então, como moldar-se? Felizmente, avanços nos estudos de psicologia nos fornecem o framework de personalidade do líder. Nas últimas décadas, as pesquisas começaram com uma lista de 18 mil itens de personalidade e convergiram para cinco dimensões amplas, amplamente aceitas pelos estudiosos:

1) NECESSIDADE DE ESTABILIDADE

A estabilidade emocional pode ser uma qualidade valiosa para os executivos, ajudando-os a lidar com estresse, reveses e incertezas. No entanto, tem também desvantagens:

1.1) Você pode ser contido demais: o excesso de controle fará o líder passar a imagem de ser pouco inspirador ou sem sentido de urgência. Podem parecer confiantes, mas sem sentido. A autoconfiança excessiva é uma arma que pode se virar contra o gestor, e para evitar esta armadilha devem-se criar listas mentais positivas e negativas, ou seja, diante de uma situação, é importante encontrar três motivos otimistas por que algo vai funcionar, e como contraponto, ter outros três motivos pessimistas que fariam a coisa não funcionar.

1.2) Você pode ser muito impaciente e reagir mal: alguns líderes bem-sucedidos são extremamente impacientes, pouco resilientes ao estresse e lutam para permanecer calmos. O problema é que explodem sobre vítimas insuspeitas. A dica para evitar este comportamento é verbalizar essas emoções negativas: "Estou desapontado / frustrado / nervoso / irritado porque...". O simples ato de expressar emoção ativa a região do cérebro ligada ao autocontrole e à regulação.

2) EXTROVERSÃO

Reflete o desejo de estar com os outros. Liderança tem tudo a ver com influenciar pessoas, então pode ser uma vantagem ser extrovertido, assertivo e dinâmico. Há fortes evidências de que essas características ajudam os executivos a serem percebidos como indivíduos talhados para a liderança. Contudo, a extroversão em excesso nem sempre é boa:

2.1) Você pode ser assertivo ou dinâmico demais: um líder extrovertido demais pode dar a impressão de que é muito falante e pouco ouvinte, o que não é bom para o senso de grupo da equipe. Uma solução simples é o líder se limitar a quatro frases nas suas colocações, se acostumando a ser sucinto e objetivo. Outro efeito que o excesso de dinamismo do líder pode causar é este ter um nível de energia tão alto que os demais não acompanhem e com isso são tachados por ele como lentos. O gestor deve compreender que os outros não precisam ter o nível de energia dele para serem eficazes.

2.2) Você pode ser introspectivo demais: líderes dinâmicos também podem ser introspectivos, focados internamente, necessitando aprender a exteriorizar-se e socializar-se. A dica para começar a mudar este jogo é sorrir, não de forma falsa em todos os momentos, mas quando for necessário. Devem deixar relaxar o músculo do rosto e sorrir. Estudos demonstram que o sorriso tem impacto psicológico não apenas sobre os executivos, mas também sobre os subordinados que tendem a refletir a emoção.

3) ABERTURA

Inclui a tendência a demonstrar curiosidade intelectual, independência de julgamento e orientação à visão ampla e geral. Pontuações mais altas nessa dimensão são valiosas para papéis de liderança, mas não necessariamente ajudam o líder a se conectar com os outros:

3.1) Você pode ser inovador e complicado demais: o líder inovador em excesso pode gerar uma frustração nos liderados que precisam de clareza, consistência e direcionamento, necessitando de alguém para colocá-lo com os pés no chão. E ainda a curiosidade intelectual excessiva pode tornar o líder muito abstrato, sendo pouco compreendido e com isso dificultando o trabalho do grupo. A melhor solução é a consciência do líder de que precisa de alguém para garantir que a comunicação está chegando às pessoas como deveria, é ter um assessor ou coach para ajudar nesta tarefa.

3.2) Você pode ser convencional demais: líderes conformistas demais correm o risco de parecerem resistentes a novas ideias. O desafio neste caso é o líder ter consciência que para tomar decisões, em grande parte dos casos, não precisa de todas as informações que originalmente ele acha que necessita. Com isso estarão gerando o ambiente para eles mesmos saírem da zona de conforto, sendo percebidos como mais ousados pelos liderados.

4) CONDESCENDÊNCIA

Tem a ver com o quanto as pessoas se importam em estar bem com os outros. Tudo bem que o líder precisa preocupar-se com a imagem que tem perante o grupo, mas esta preocupação em excesso é nociva:

4.1) Você pode ser racional, competitivo e atento demais: executivos calculistas e diretos tendem a ser inflexíveis diante de conflitos e questões complicadas. Ser direto é bom, mas a incapacidade de compreender o desconforto dos outros pode fazer o líder parecer rude e agressivo. Neste caso o líder deve compreender que as críticas que recebe ou faz estão ligadas ao fato, e não às pessoas, em grande parte das situações. Para amenizar a forma como se comunica é indicado que use frases como: "Vou fazer o papel de advogado do diabo" ou "Vou colocar o meu chapéu de crítico".

4.2) Você pode ser atencioso demais: existem executivos que possuem uma necessidade excessiva de serem amados, o que os torna pessoas que se relacionam fácil, são dignas de confiança, mas têm dificuldades de tomar decisões que podem trazer problemas para os outros. Resultado de pesquisa feita por Daan van Knippenberg mostrou que, quando os funcionários avaliam os gerentes, a noção de justiça é mais importante do que a simpatia, desta forma o líder com este perfil deve trocar o "Eu quero ser amado" pelo "Eu quero ser percebido como justo".

5) RETIDÃO

Reflete em que medida a pessoa quer estruturar e organizar a sua vida, com valores, ética, foco, confiança e persistência, dando força para o líder:

5.1) Você pode ser minucioso e comprometido demais: um risco que esses líderes correm é que o perfeccionismo faça com que deem muita atenção a detalhes e percam de vista o quadro geral. Para combater este vício deve sempre se perguntar se está detalhando em excesso, deve dar autoridade aos liderados para avisar quando está aprofundando demais. Outro aspecto psicológico relevante é que os liderados, ao perceberem que o líder está em vias de se envolver muito ou a microgerenciar, podem se tornar relutantes a levantar bandeiras.

5.2) Você pode tomar decisões rápido demais: líderes muito autoconfiantes tendem a ser muito ágeis nas decisões, passando a imagem de irresponsáveis para o grupo, gerando instabilidade em todos. Para contornar isso, o líder deve ter alguém com autoridade para questionar as decisões fazendo o papel de advogado do diabo. Deve envolver mais os liderados no momento das deliberações, dando importância a todos e garantindo uma melhor decisão.

Ao longo da carreira todos nós recebemos muitos feedbacks, de tal sorte que se você ouvir a mesma coisa vez após vez, e de diversas pessoas, mesmo que não concorde, saiba que essa é a maneira como você é percebido.

Desta forma é importante:

a) Expressar claramente as expectativas: diga de forma inequívoca o que pensa, o que quer, porque quer, conferindo se entenderam;

b) Fomentar linhas de comunicação abertas: todos os funcionários devem ser incentivados a compartilhar suas ideias;

c) Ajudar funcionários a crescer: fique atento aos talentos e promova quem mereça o quanto antes;

d) Conhecer seus funcionários: é importante estar próximo, ouvir, entender o que se passa no coração dos seus subordinados;

e) Ser justo: não aceite um comportamento seu ou da sua equipe que possa pôr em dúvida a justiça;

f) Criar metas e cobrar resultados de todos: ter metas e resultados é importante para se cobrar, festejar e chorar juntos – o líder deve estar envolvido nos objetivos e não simplesmente mandar.

Repare que não se trata de a pessoa mudar a própria personalidade, mas de ser quem é, porém com mais habilidade. Os líderes mais bem-sucedidos sempre trabalham a si mesmos para gerenciar ou abrandar traços potencialmente limitantes para a carreira, o que exige esforço e introspecção. Além disso, não somos prisioneiros de nossa personalidade, pois esta tem a ver com preferências comportamentais que fizemos em algum momento da vida, e para conseguirmos nos comportar de maneiras contrárias à nossa natureza, basta querer.

COMPETÊNCIA PARA ALÉM DO FATOR TÉCNICO

Dentro do mundo corporativo, durante muitos anos se acreditou que o QI – Quociente de Inteligência – fosse o grande diferencial entre uma pessoa de destaque e um ser humano normal. Acreditava-se que pessoas muito inteligentes seriam os líderes das empresas, seriam os comandantes e estrategistas de grandes companhias. Muitos empresários pautavam seus recrutamentos de funcionários nesta premissa, designavam para cargos de liderança embasados nesta crença, e muitos funcionários insistiam em tornar os seus curriculuns cada vez mais recheados de conhecimentos técnicos, acadêmicos e literais.

Contudo, com o passar dos tempos e os estudos sobre o ser humano ficou claro que as pessoas com QI elevado não necessariamente eram as mais bem-sucedidas, enquanto outras com QI mediano mas dotadas de inúmeras outras competências emocionais tinham um melhor resultado profissional e pessoal. Aspectos como disciplina, autogestão, empatia, proatividade, comunicação, expressão verbal e flexibilidade eram os atributos de pessoas mais bem-posicionadas.

Estudos demonstraram que o QE – Quociente Emocional – tem grande representatividade na vida das pessoas. Um alto QE faz a pessoa começar e terminar algo, faz mudar de rumo rapidamente quando surgir um obstáculo no projeto, faz se relacionar melhor com os colegas, esteja em que posição estiver na hierarquia. A boa notícia é que o QE se aprende, se adquire de inúmeras formas, até mesmo lendo este artigo você está adquirindo QE, fazendo com que você seja a cada dia mais diferenciado no mercado de trabalho.

QI nos faz entender e o QE nos faz agir. Para sermos um profissional que traz resultados concretos temos de agir, realizar, e não apenas entender o problema. QI alto com forte conhecimento técnico faz um excelente cientista – o que é importante num dado contexto. Todavia, o grande volume de profissionais que uma empresa precisa é daqueles que realizam, que fazem a companhia colocar produtos no mercado; são pessoas que captam compromisso e envolvimento dos liderados para cumprir metas; enfim, são pessoas que sabem fazer as coisas no momento certo. Segundo Aristóteles: "Qualquer um pode zangar-se, isso é fácil. Mas zangar-se com a pessoa certa, na medida certa, na hora certa, pelo motivo certo e de maneira certa não é fácil".

Quando se é um técnico trabalhando sozinho, o nosso conhecimento sobre a matéria se basta. Mas quando estamos fazendo sucesso como técnicos e passamos a contratar outros técnicos para trabalharem conosco, alguém terá de assumir o comando do grupo, e muito provavelmente o que sabemos como técnicos não será suficiente para administrar e coordenar este grupo. Precisaremos mudar de lado, precisaremos ser muito bom comunicador, necessitaremos saber nos colocar na posição do outro para melhor compreender os fatos, enfim, temos de passar a ser outro profissional.

Cumpre destacar que o conhecimento técnico especializado é sempre muito importante, uma vez que é o recurso que nos torna aptos para exercer a função que queremos, mas o desenvolvimento das competências emocionais, no longo prazo, é o que nos destacará no futuro em nossas relações de trabalho. O profissional que é muito bom em realizar uma tarefa e não almeja subir na hierarquia da empresa está numa boa posição, porém, se o desejo deste é ser diretor ou presidente da empresa precisará de outras habilidades, precisar ter a coragem de deixar de fazer algo de que gosta muito, que é executar a tarefa, seja esta ser um cirurgião, um mecânico, um programador ou outra profissão qualquer, para passar a se tornar um comandante de pessoas.

Como executivo e fundador da Alterdata Software, uma empresa de desenvolvimento de programas de computador com 1.000 funcionários em 2014, percebo nitidamente que deixar de ser um técnico para ser um gestor não é tarefa simples, principalmente porque deixar de ser um técnico é virar as costas à sua própria essência, uma renúncia nada fácil. Porém é exatamente esta coragem de mudar que faz as pessoas crescerem.

Desta forma os empresários devem ficar atentos não apenas ao curriculum dos funcionários, devem observar aspectos ligados a ética, compromisso, relacionamento com os colegas, saber aceitar críticas, ser automotivado, aceitar hierarquias. Com efeito, os funcionários precisam saber controlar a ansiedade e a impulsividade para que seja mais confortável o convívio com outros seres humanos, sejam estes colegas no trabalho, clientes, fornecedores ou outros stakeholders que gravitam em torno da empresa. É de conhecimento público a frase "Você será contratado pelo seu curriculum e será demitido pelo seu comportamento", pois isso é estatisticamente o que acontece no mercado em geral.

Devemos ter a consciência de que não adianta sermos pessoas superinteligentes se não conseguimos trabalhar em equipe. Devemos ter a certeza de que precisamos melhorar sempre no que tange a nossos aspectos emocionais. Segundo Aristóteles, "sabedoria é perceber o que não sabemos", ou seja, temos que buscar continuamente o nosso autoconhecimento, identificando o que não sabemos para podermos melhorar sempre, e certamente o que o mundo corporativo mais espera dos profissionais não é um curriculum repleto de graduações, mas essencialmente um profissional com habilidades emocionais que o tornam fácil de lidar, com capacidade de movimentar pessoas com suavidade, que pratique o que prega, que tenha compromisso, que seja honesto, elementos estes que não se aprende em um banco de faculdade, mas que são incorporados com a perspicácia do viver cotidiano.

Segundo Rudolph Giuliani, ex-prefeito de Nova York na época do atentado de 11 de setembro, as pessoas são treinadas e valorizadas pelo conhecimento técnico, devem tomar decisões em função do conhecimento que possuem, mas quando estão em um momento de crise, em uma decisão urgente a ser tomada, devem usar a sua intuição. Quando ele fortalece o uso da intuição está deixando claro que existem valores dentro de um bom profissional que o fará perceber coisas de forma abstrata e não tangível, e esta intuição ficará cada dia mais apurada se estivermos o tempo todo nos alimentando de competências de natureza não apenas técnica.

■ ■ ■ ■

Para finalizar, recomendo:

EMPRESÁRIO: crie o ambiente para que os talentos apareçam, e isso se faz com uma gestão participativa e não impositiva. Deixe claro e transparente o que você acredita ser importante como valores nas pessoas, para facilitar que pautem suas carreiras. Transfira responsabilidades para que tomem decisões, e aprendam com os acertos e erros. Valorize em público as ações da equipe que denotaram aspectos emocionais de cada um a fim de com isso melhorar o relacionamento do time.

FUNCIONÁRIO: não confie apenas no seu curriculum para conquistar ascensão na empresa. Procure complementar as suas habilidades com aspectos emocionais, adquirindo assim QE – Quociente Emocional. Disciplinas que não estão ligadas diretamente ao que você executa são justamente as que lhe darão uma competência importante. Observe na sua empresa quais são os principais valores em pauta, e busque as competências para ser um ser humano melhor, um profissional mais adaptável e uma pessoa mais fácil de lidar no trato com seus superiores e subordinados.

CRM: CULTURA E TECNOLOGIA

É possível fazer um funcionário de 15 dias de casa oferecer atendimento personalizado aos clientes, agregando, assim, mais valor para o negócio, mesmo que não disponha de muita informação sobre a companhia que acabara de contratá-lo.

A grande maioria dos executivos sabe o quanto é importante ter uma forte cultura de CRM na sua empresa, ter o foco no cliente, inseri-lo no centro do negócio, dar tratamento diferente para os desiguais. A cúpula das empresas sabe disso, mas como imbuir desta filosofia todos os departamentos da empresa?

Este é o tipo de problema que é vivido pela maioria das empresas em operação no mundo, pois o ganho de escala foi condição para a sobrevivência de muitas companhias. Sair do bairro em que atuavam, onde conheciam todos os clientes, para uma atuação em nível de cidade, estado, país e até no exterior tornou-se imperativo, mas haveria de trazer uma impessoalidade que afastou a organização de seus consumidores, obrigando-as a voltar às origens por intermédio de cultura e tecnologia.

Algumas décadas atrás, o que as empresas mais se orgulhavam em dizer era que todos os clientes tinham a mesma importância, que eram iguais. Com o tempo, o marketing foi percebendo no entanto que isso não funcionava. Na verdade, pessoas diferentes querem coisas específicas e possuem necessidades distintas. Desta forma, o ideal nos dias de hoje é dar tratamento diferencial aos desiguais, na medida em que se desigualam. Com isso, cada cliente poderá ser compreendido em tudo aquilo que o torna único, distinto dos demais. Então, o que fazer quando estamos lidando com dezenas ou centenas de funcionários que precisam atender os clientes em sua singularidade?

O conceito de CRM (Customer Relationship Management) está completamente alinhado com este princípio. Este artigo pretende partir da prática antes que de teorizações, demonstrando que uma empresa pequena ou média pode fazer com que seus funcionários, não importando quantos sejam, deem um atendimento específico a seus clientes mediante ações distintas para clientes diferentes. E isso é possível em uma empresa de qualquer porte, não sendo necessário nenhum grande investimento para ter o mesmo padrão de funcionamento das gigantes do mercado.

Iniciaremos com um exemplo de uma empresa que tenha venda consultiva, ou seja, aquele tipo de atividade onde o fechamento de um negócio é mais demorado que o varejo e é necessário um maior número de interações com o cliente.

Existem softwares de ERP no mercado que possuem conceitos de CRM incluso por meio do qual é possível monitorar o cliente enquanto ainda é um prospect, alguém que cogitamos tornar cliente. Já no primeiro contato com o prospect, o vendedor é cobrado a identificar tudo aquilo que seja importante para dar personalização a este potencial comprador. É fundamental a empresa ter em mãos uma lista de características como porte, número de funcionários, atividade, preferência e tudo mais que for necessário à estratégia da empresa ou do processo de atendimento, através de diferenciação. É importante que o software permita colocar inúmeras características no prospect, para que a empresa saiba exatamente como se relacionar com o mesmo para aumentar o êxito.

Nesta fase de interação, é de suma importância que o sistema controle todos os pontos de contato, todas as visitas, as propostas, as reuniões, as trocas de documentos, os encontros. Nada deve ficar na agenda pessoal dos vendedores ou das atendentes de telemarketing, tudo deve estar no banco de dados do ERP, de tal forma que os gerentes e supervisores controlem e monitorem estatísticas regularmente, acompanhando o tempo médio de fechamento de cada vendedor, o funil de vendas de determinado produto, região ou equipe, as oportunidades que estão mais próximas de serem consumadas em determinada atividade, porte ou demais características.

Se o gerente perceber que haverá um congresso de supermercadista, por exemplo, conseguirá rapidamente filtrar quais os clientes de porte A, da Região X, da atividade de supermercado que estão próximos. Com isso, mandará convites para eles irem a este congresso ou marcará uma reunião no local, aumentando as chances de fechamento pela aproximação. Isso é CRM: dar tratamento diferente aos desiguais.

As vendas acontecerão mais facilmente se acertarem melhor na personalização e na compreensão das necessidades específicas. Mas, para isso, impõe-se que se tenha tecnologia, através de um bom software de ERP e uma forte cultura respectiva. Contudo, deve-se ressaltar a necessidade de cobrar às pessoas que alimentem as informações exigidas para sabermos mais dos prospects e clientes, fazendo com que se aumentem as chances de compreender o que cada um visa obter.

Se uma secretária comercial atende o 0800 da empresa, identifica o prospect no CRM e o sistema dá um painel de imagens dizendo quem é esta empresa, ela poderá até mesmo direcionar a ligação para um especialista no campo de atividade do comprador, aumentando as chances de entender a necessidade. Porém, ela precisa ser capacitada e cobrada – isto é cultura. Ela deve ter como exemplo os seus líderes no uso de uma ferramenta tecnológica, por mais que ela seja uma pessoa simplória.

Fechada a venda, uma parte do processo aconteceu e o foco agora é manter este cliente ativo, comprando regularmente, sendo atendido em todas as suas especificidades. Quantas empresas são muito boas na captação de clientes, mas são péssimas na retenção deles. Como todos sabem, é mais caro conquistar um cliente novo do que reter os atuais, porém, muitos não sabem como fazê-lo.

O cliente que já comprou uma vez deve estar caracterizado dentro do software de gestão com seus detalhes pessoais, gostos e demais aspectos que o diferenciam de outros. Deve ter elementos que evidenciem o quão diferente ele é, para que se sinta único.

Se a empresa possui um software de gestão onde todas as interações com os clientes são registradas, de tal forma que, se eles fizerem uma reclamação, esta vai para o sistema, o próximo funcionário que atendê-los saberá que tem uma pendência em aberto e dirá isso para eles. Tal fará com que estes consumidores tenham a certeza de que a empresa está dando atenção individualizada ao seu caso, que está preocupada com a sua reclamação.

Com efeito, o método acima delineado possibilita que aquele funcionário que está atendendo saiba informar tudo a respeito do cliente, visto ter diante de si um painel que mostra as vendas feitas a ele, os pedidos, as contas a receber, os contratos, os cupons fiscais, o ranking, a análise de crédito, não sendo necessário acionar outra pessoa para responder as perguntas do consumidor, que poderá ser um cliente Diamante, Ouro, Prata ou ter qualquer outra diferenciação necessária para ser atendido de forma distinta.

Quando se usa uma ferramenta tecnológica como esta, estamos dando ao cliente a sensação de que cada funcionário conhece muito bem a sua necessidade, quando na verdade se trata de um software passando esta informação para o atendente, fazendo com que ele saiba o que deve falar para o perfil deste cliente, o que pode autorizar, o que tem autoridade para fazer em função das características do consumidor que está sendo atendido. Porém, se pensarmos bem, era isso o que funcionava há muitos anos quando os pequenos estabelecimentos não faziam uso da informática, mas tinham fichas para cada cliente, onde se anotava tudo a respeito do mesmo. A necessidade de personalização é antiga. O que mudou é que hoje a tecnologia disponibiliza mais informações com menos esforço.

Isso vale para todos os departamentos da empresa. Quando um cliente fica inadimplente, poderá ser cobrado diferentemente em função do seu perfil, pois se um cliente com 20 anos de empresa, classificado como A, com característica de Diamante, por exemplo, for cobrado friamente por um cobrador de rua, poderá ser um grande erro, gerando consequências desagradáveis. Talvez este tipo de cliente mereça receber uma ligação de um gerente qualificado ou mesmo do dono da empresa.

Outro bom exemplo é quando o diretor comercial da empresa está em uma reunião e solicita não ser interrompido por telefonemas. Mas será que não deveria mesmo ser interrompido caso determinados clientes com certo perfil quisessem falar com ele? Vamos imaginar que ele tenha uma secretária nova na empresa, com 15 dias de trabalho, ou seja, alguém que ainda não conhece os clientes com precisão. No momento em que acontece a referida reunião liga um cliente dizendo que precisa falar com o diretor, e ao ser identificado o sistema demonstra à nova secretária um ícone com um diamante brilhante aceso, por exemplo, informando que ele está caracterizado como sendo um dos que representam mais de 10% do faturamento da empresa. Neste caso, deve-se interromper qualquer reunião para dar atenção àquele. Ao ser interrompido, o diretor verifica o CRM e vê o mesmo diamante, as pendências abertas para este cliente que ainda não foram solucionadas e que estão nas mãos de cada funcionário, percebe que está inadimplente, se tem pedidos de vendas para serem atendidos. Ou seja, vê tudo a respeito do cliente na mesma interface, demonstrando que domina completamente o que está acontecendo com ele. Isso é CRM na prática. Significa que mesmo com uma secretária com 15 dias de casa é possível dar atendimento personalizado.

Os clientes diferentes de certos perfis poderão ter a necessidade de ter visitas regulares do setor de engenharia, do gerente de relacionamento, ou quem sabe do diretor comercial da empresa. Mas isso apenas será possível se houver um software com capacidade para rapidamente filtrar e identificar, dentre milhares de clientes, cada integrante deste universo.

Observe que estamos falando de tecnologia, mas também de cultura organizacional, de pessoas querendo fazer, acreditando que é possível, mobilizando-se para dar a cada cliente a distinção que lhe é própria. Não estamos falando de algo intangível, mas de algo absolutamente factível, seja a um pequeno atacadista, uma pequena indústria ou mesmo um varejo de pequeno porte que tenha tão-somente cinco computadores na administração.

A essência é muito mais de entender a necessidade da diferenciação dos clientes, e para compreender melhor, comece pensando junto com sua equipe quais são os elementos que distinguem os clientes. Se você for uma farmácia, talvez precise classificar os clientes por idade, por tipo de consumidor de medicação regular, sexo ou outro item. Se for uma veterinária, talvez queira especificar os clientes por tipo de raça de seus animais, poder aquisitivo, volume de consumo na loja ou outro qualquer elemento. Enfim, converse e debata com sua equipe para descobrir os dados que diferenciam cada um dos clientes, em função do seu negócio, para fazer uso, no momento oportuno, com ações distintas para cada grupo.

Um aspecto a ser melhor trabalhado pelas pequenas e médias empresas é passar mais cultura para o seu pessoal sobre os conceitos que foram objeto desta análise. Melhorar o nível da equipe no que tange a conceitos de CRM ainda é uma deficiência a ser combatida. Contudo, não tenho a menor dúvida de que é possível dar um salto de qualidade e eficiência com baixo investimento.

DELEGAR TAREFAS PARA PODER CRESCER

O crescimento de uma empresa passa essencialmente pela delegação de tarefas entre as pessoas que trabalham na organização. Sem este instrumento de gestão os líderes ficariam sobrecarregados e sem a possibilidade de assumirem responsabilidades maiores.

Contudo, o processo de delegação nem sempre acontece de forma eficaz por problemas de ambos os lados: não apenas o líder tem dificuldades em passar o comando como o subordinado vê problemas em entender exatamente os limites do poder que se lhe atribui.

A competência de um funcionário apoia-se no conhecimento técnico, nas habilidades humanas e na forma de desempenho da função. O desempenho depende intrinsecamente da competência, mas só se explicita de forma eficaz pela preexistência de condições motivadoras no ambiente da empresa. Não pode o líder ser um autocrata que possua competências brilhantes, porém, estéreis. Cabe ao líder ser o gerador do conhecimento, o educador persistente, o instrutor para o crescimento das pessoas. A forma mais inteligente de realizar estes papéis é através de delegação com monitoramento sistemático.

Contudo, em muitos casos, o líder tem uma baixa autoestima, tem a impressão de que o centro do seu poder passa pelo seu conhecimento técnico de determinado assunto, enquanto na verdade o grande líder é aquele que não detém toda ciência da coisa, mas tem a capacidade de comandar pessoas melhores do que ele em certos assuntos. A delegação, em primeiro plano, passa por um processo psicológico de transferir algo que o líder acha que é dele próprio.

Para exemplificar usarei o meu exemplo pessoal. Quando eu tinha lá meus 25 anos, era um programador de computador eficaz, com muitos clientes que me achavam inteligente e trabalhador, de sorte que minha função e tarefas me tornavam quem eu era, eram parte de mim, me faziam ser elogiado pelos clientes, me elevavam a autoestima, ou seja, eu e meu trabalho éramos um e o mesmo ser. Quando fundei a Alterdata em 1989, empresa de software que comando, comecei a perceber que para crescer eu precisava delegar coisas que eu sabia fazer, porém estas coisas eram parte de mim, e, psicologicamente falando, deixar que outros assumissem este papel implicava eu deixar de ser o que me tornava bom, eficaz, digno de elogios. Isso não foi fácil para mim como certamente não é para qualquer líder em semelhante situação.

Porém, depois de muito refletir, percebi que a delegação era fundamental para que a empresa crescesse, era muito importante que eu tivesse tempo para assumir outros papéis, e que na verdade a essência do meu trabalho não era a execução de certas coisas, como se dera nos primórdios da empresa, mas sim a minha capacidade de mobilização de grandes profissionais que estariam trabalhando comigo no modelo que eu julgava necessário, no padrão de qualidade que eu presumia importante, na velocidade que eu tinha como fundamental, com os procedimentos que eu achava úteis para o monitoramento.

Sendo assim, o líder precisa entender que tem basicamente quatro grandes metas na empresa:
1) Traçar objetivos;
2) Criar condições para realização;
3) Estimular na equipe a obtenção de resultados;
4) Avaliar os resultados.

Desta forma, o líder precisa delegar para crescer, ensinar a equipe a pensar e não apenas a receber comandos. Ao ser transferida uma tarefa para o subordinado é importante, é fundamental que a comunicação seja eficaz no que tange aos motivos e valores para a organização. Vale dizer, não se deve delegar algo sem que o subordinado entenda exatamente o "porquê", pois a pior delegação é aquela que transfere apenas o "faça". É importante "autorizar" e não "providenciar", são coisas distintas de grande impacto no processo de delegação.

É importante dois elementos não serem esquecidos jamais na delegação:
1) A cada responsabilidade correspondem poderes e deveres;
2) A delegação não exclui a responsabilidade do delegante.

O líder deve ter a consciência de que a delegação não o exime de responsabilidade pelos possíveis erros que o subordinado causará. O liderado precisa ter a certeza de que o superior é um apoio, e para criar este ambiente o ideal é usar as ferramentas de monitoramento sistemático. Ou seja, delegar algo e monitorar por período curto, uma vez por dia, se for necessário, ou uma vez por semana, se este tempo for razoável para identificar desvios de rota ou possíveis distorções, tornando a comunicação entre os dois polos bastante intensa. Em cada ponto do monitoramento o líder deve criticar e orientar o subordinado, observando sempre se ele tem condições e ambiente para fazer uso do poder. Na medida em que o superior for adquirindo confiança no liderado, quanto à tarefa delegada, deve ir aumentando o intervalo de monitoramento, até que transfira completamente o poder. Esta medida fará o liderado se sentir confiante por estar sendo acompanhado e fará com que o líder tenha a certeza de que as coisas estão caminhando dentro do esperado por ele, uma vez que está treinando e capacitando o subordinado. Com isso, ambos estarão exercendo os elementos básicos da delegação: aceitação da responsabilidade; transmissão a pessoa habilitada; comunicação perfeita; existência de condições para execução da tarefa; acompanhamento do líder.

É importante salientar alguns cuidados que precisam existir para que tudo flua de forma suave e tranquila. Verifique sempre se o subordinado tem tempo para receber as novas atribuições: é relevante analisar antes da transferência do poder as condições de tempo e pressão a que ele está submetido neste momento. Deixe claras, muito claras as responsabilidades desta tarefa, bem como o poder que está sendo delegado. É importante fazer o subordinado falar ou escrever a respeito para certificar-se de que entendeu a abrangência desta delegação. Um dos grandes erros é o líder transferir tarefa e não poder, ou seja, não deixa o subordinado errar para aprender, causando frustração no liderado e sobrecarga no superior, o líder precisa ser menos concentrador. Cuidado para não transferir a mesma tarefa para dois subordinados, causando grande confusão por não haver uma definição clara da responsabilidade de cada um. Outro aspecto para se ter atenção é não transferir tarefa para subordinado de outro líder, pois isso pode trazer sérios problemas políticos e operacionais na companhia. O que se deve delegar são tarefas essenciais para liberá-lo para crescer, mas muitos líderes transferem apenas o que não gosta de fazer, o que nem sempre é bom para a empresa.

O fato é ter a certeza que é o processo de delegação que faz uma empresa ser forte e grande. Empresas que nascem com um líder técnico muito eficaz que não delega não crescem.

Ladmir Carvalho

OS DESAFIOS DA NOVA ADMINISTRAÇÃO

Estamos vivendo momentos de números exponenciais, um momento da gestão empresarial em que fórmulas de sucesso do passado não mais garantem o sucesso do presente, e muito menos do futuro – isso não é novidade para ninguém. As empresas precisam reinventar a sua forma de gerir o próprio negócio, o que também não constitui novidade. A questão central é como fazer isso acontecer sem deter a marcha da empresa, algo como trocar o pneu com o carro andando, ou seja, um desafio e tanto!

Às vezes o gestor tem a certeza de que há algo errado, mas não atina com o problema; percebe o lucro caindo, mas não sabe porque; verifica perdas de funcionários importantes, mas não sabe exatamente os motivos; vê claramente a qualidade indo pro espaço, mas não consegue reagir; sente que tem algo estranho acontecendo, mas não identifica com clareza a origem do problema. Isso é sinal de que o ambiente está mudando, mas os métodos de gestão não estão acompanhando o processo de evolução.

Em conversas com clientes percebo que esta é uma dúvida que inquieta a muitos. Por isso resolvi pesquisar sobre o assunto. Vasculhei literatura de negócio visando encontrar algum artigo que se debruçasse sobre o tema – e acabei encontrando um na Harvard Business Review cujo teor caiu como uma luva sobre a natureza do problema.

Este artigo foi escrito por um conjunto de doutores em 2008. Nele os autores observam que a administração dos negócios precisa mudar para conseguir dar conta das transformações que atualmente estão acontecendo nas empresas. A administração atual foi lançada por indivíduos como Daniel McCallum, Frederick Taylor e Henry Ford, todos nascidos antes do término da Guerra Civil americana, em 1865. A evolução da administração seguiu o traçado de uma clássica curva S. Acelerado no início – no começo do século 20 –, o ritmo da inovação foi caindo aos poucos. Nos últimos anos, o avanço praticamente parou. A administração, assim como o motor de combustão interna, é uma tecnologia senil que precisa, hoje, ser reinventada para uma nova era.

Uma questão central, de um lado, é a mudança de comportamento dos donos/diretores das empresas, e de outro lado, a mudança de comportamento dos profissionais de que trabalham nelas trabalham. Não cabe mais uma administração muito piramidal, onde todas as decisões são tomadas na cúpula. É importante que o meio da pirâmide hierárquica tenha poderes para decidir, mas que também tenha competência para tal. Os líderes superiores precisam ser mais formadores de líderes intermediários, precisam aprender a dar mais feedback, precisam alinhar valores para poder cobrar resultados, precisam valorizar mais os que realmente merecem subir.

Para ajudar na reflexão, trago um pouco deste artigo que fala sobre **25 grandes desafios para a transformação da Gestão das Empresas**. Aduzi alguns elementos ao texto original para instruir a análise acerca das oportunidades de se reposicionar o profissional dentro de uma empresa para que permaneça competitiva na próxima década:

1- Garantir que o trabalho da gestão sirva a um propósito maior: a administração, tanto na teoria como na prática, precisa ser voltada a metas nobres, socialmente relevantes. É importante sentir orgulho no trabalho.

2- Inserir plenamente a ideia de comunidade e cidadania em sistemas de gestão: precisamos de processos e práticas que reflitam a interdependência de todos os grupos de stakeholders.

3- Reconstruir as bases filosóficas da administração: para erguer organizações que não sejam apenas eficientes, é preciso buscar lições em campos distintos como a biologia, a antropologia, o design, a ciência política e a teologia.

4- Eliminar patologias de hierarquia formal: há vantagens em hierarquias "naturais", nas quais o poder flui a partir das bases e líderes emergem naturalmente em vez de serem nomeados. Valorizar as novas ideias tanto quanto se valoriza a experiência, de modo a suscitar novos talentos.

5- Diminuir o medo e aumentar a confiança: falta de confiança e medo são péssimos companheiros para a inovação e o envolvimento, e devem ser erradicados dos sistemas de gestão do amanhã. Só pode haver adaptabilidade organizacional, inovação e envolvimento do pessoal em uma cultura de alta confiança e medo beirando a zero.

6- Reinventar os meios de controle: para superar o conflito entre disciplina e liberdade, sistemas de controle terão de incentivar o controle pelos próprios indivíduos: em vez de restrições externas, precisarão depender mais de eficiência individual do que de monitoramento da chefia.

7- Redefinir o papel da liderança: a visão do líder como um heroico tomador de decisões e inveterado disciplinador é insustentável. O líder deve ser visto como arquiteto de sistemas sociais, um viabilizador da inovação e da colaboração.

8- Ampliar e explorar a diversidade: é preciso criar um sistema de gestão que preze a diversidade, o desacordo e a divergência tanto quanto a conformidade, o consenso e a coesão, sendo assim fundamental entender que talentos diferentes fazem uma empresa melhor, culturas distintas reunidas agregam mais valor.

9- Reinventar criação da estratégia como processo emergente: num mundo turbulento, a concepção da estratégia deve refletir os princípios biológicos da variedade, da seleção e da retenção. A diretoria não vai mais criar a estratégia, mas, antes, criará condições para que novas estratégias possam surgir e evoluir naturalmente.

10- Desestruturar e desagregar a organização: para ser mais adaptável e inovadora, uma empresa grande precisa ser decomposta em unidades menores, mais maleáveis. Implica não deixar que a empresa inteira tenha o Groupthink (pensamento grupal), mas criar estruturas menores, fluidas, baseadas em projetos.

11- Reduzir drasticamente o apelo do passado: sistemas atuais de gestão costumam reforçar automaticamente o status quo. No futuro, terão de promover inovação e mudanças. Sistemas de incentivos precisam mudar dos gerentes que zelam pelas coisas para o empreendedor/inovador interno.

12- Dividir o trabalho de definir rumos: para que todos se envolvam, a responsabilidade por definir metas precisa ser dividida por meio de um processo no qual o insight, e não o poder, determina quem terá voz. Apenas num processo participativo pode-se engendrar um compromisso sincero com a mudança proativa.

13- Estabelecer indicadores holísticos de desempenho: medidas atuais de desempenho precisam ser reformuladas, pois dão insuficiente atenção a capacidades humanas críticas para o sucesso numa economia criativa. Atualmente a gestão não leva em conta fatores sutis, porém críticos, do sucesso competitivo, como o valor da inovação movida pelo cliente – e isso precisa mudar.

14- Ampliar horizonte de tempo e perspectivas de executivos: precisamos descobrir alternativas a sistemas de incentivo e remuneração que incentivem o gerente a sacrificar metas de longo prazo em prol de ganhos imediatos. A estabilização no longo prazo deve ser mais importante que o imediatismo.

15- Criar uma democracia da informação: é preciso sistemas de informação que equipem todo funcionário para agir com o interesse da empresa toda em mente. A transparência da informação é relevante para a eficácia operacional.

16- Fortalecer renegados e desarmar reacionários: sistemas de gestão precisam dar mais poder a funcionários cujo capital emocional está investido no futuro, não no passado. Aqueles que estão parados com o poder, gerentes e líderes do passado, têm interesse no status quo, travando o crescimento, razão por que é importante dar poder controlado aos espíritos inovadores e amantes da empresa.

17- Ampliar o escopo da autonomia do pessoal: é preciso reformular os sistemas de gestão para que facilitem a experimentação local e iniciativas a partir das bases da pirâmide hierárquica. Via de regra, funcionários do meio para baixo da hierarquia se sentem incapazes de mudar, de inovar, o que não mais é cabível.

18- Criar mercados internos de ideias, talentos e recursos: um mercado é melhor do que uma hierarquia na hora de alocar recursos – fato que deve ser refletido em processos de alocação de recursos das empresas. Para tornar os investimentos financeiros mais eficazes, a empresa deve criar mercados internos nos quais programas antigos e novos projetos disputem talentos e verbas em pé de igualdade.

19- Despolitizar a tomada de decisões: processos decisórios devem estar livres de vieses ditados pelo cargo e precisam explorar a sabedoria coletiva e fora da organização. Na hora de altos executivos decidirem se investirão milhões de dólares em um projeto precisam consultar a base da pirâmide hierárquica, pois conhecerão melhor o mercado e descobrirão os melhores talentos.

20- Otimizar melhor trade-offs: sistemas de gestão tendem a contrapor opções mutuamente excludentes. É preciso sistemas híbridos que otimizem sutilmente escolhas conflitantes cruciais. Será preciso conviver melhor com conflitos como lucro no curto prazo versus crescimento no longo prazo, competição e colaboração, estrutura e emergência, disciplina e liberdade, sucesso individual e sucesso em equipe.

21- Explorar ainda mais a imaginação humana: muito se sabe sobre como estimular a criatividade humana. É preciso aplicar melhor esse conhecimento à concepção de sistemas de gestão em toda a empresa, e não apenas em um setor "tido" como de inovação e pesquisa.

22- Viabilizar comunidades de "paixão": para maximizar o envolvimento do pessoal, sistemas de gestão devem facilitar a formação de comunidades em torno de uma paixão comum: é importante encontrar o que move o coração dos colaboradores, saber o que os torna felizes na organização, unindo grupos afins.

23- Reaparelhar gerentes para um mundo aberto: redes de geração de valor costumam transcender as fronteiras da empresa e podem tornar ineficazes ferramentas de gestão fundadas no poder. Para criar e dar forma a ecossistemas complexos é preciso novas ferramentas de gestão em que o líder precisa energizar e ampliar a comunidade, em vez de administrá-la do alto.

24- Humanizar linguagem e prática dos negócios: sistemas de gestão do futuro terão de dar tanta importância a ideias humanas eternas como honra, verdade, amor, beleza, justiça e comunidade quanto dão a metas tradicionais como eficiência, vantagem, foco e lucro, visto que estas metas não conseguem tocar o coração humano.

25- Recapacitar mentes gestoras: o foco do treinamento de gerentes sempre foi ajudar o líder a desenvolver um arsenal específico de habilidades cognitivas: o uso do lado esquerdo do cérebro, o raciocínio dedutivo, a solução analítica de problemas e a engenharia de soluções. O gerente de amanhã precisará de novas habilidades, entre elas o aprendizado reflexivo ou de duas voltas (double-loop), o raciocínio baseado em sistemas, a resolução criativa de problemas e o raciocínio movido a valores. Faculdades de administração de empresas precisam reformular programas de capacitação para ajudar o executivo a adquirir este tipo de habilidade e reorientar sistemas de gestão para incentivar sua aplicação.

Desta forma podemos observar que as empresas têm pela frente um desafio e tanto. Certamente, muitos dos conceitos apresentados neste artigo já são praticados pela empresa em que você trabalha ou por você como colaborador, de modo que temos que refletir até que ponto estamos nos adaptando ao mundo da gestão dos negócios. Todo processo de mudança é complexo, gera insegurança, traz dúvidas, mas este caminho não tem volta, de sorte que é fundamental examinar as oportunidades que aparecerão em decorrência deste novo cenário.

DISTINÇÃO ENTRE FINANÇAS PESSOAIS E DO NEGÓCIO

Saber se o seu negócio está indo bem ou mal é fundamental para o planejamento de ações, para o estabelecimento de objetivos, mas nem todas as empresas distinguem com perfeição entre as finanças da empresa e as finanças pessoais.

Para cada dez novas empresas, seis fecham suas portas no Brasil. Os dados são do Cadastro Central de Empresas 2002, disponibilizado pelo IBGE – Instituto Brasileiro de Geografia e Estatística. Em 2002 surgiram 721 mil empresas, um número surpreendente, porém 461 mil foram extintas, sendo 12,5% microempresas que empregam até 4 pessoas. O comércio foi o setor que mais registrou mortalidade. Além disso, o SEBRAE escutou 5.727 empresas que fecharam as portas e 8 em cada 10 atribuíram tal fato a problemas econômicos e financeiros em geral, incluindo a prática de mesclar finanças pessoais e empresariais, prejudicando o negócio.

Se você é dono de uma empresa ou mesmo funcionário responsável pelas finanças da firma em que trabalha saiba que confundir as despesas que são da operação da empresa com despesas pessoais dos sócios cria uma nuvem de fumaça que dificulta entender o que está acontecendo na companhia, complica gravemente a formação de custo e gera uma série de desconfortos entre sócios, podendo até mesmo comprometer a sociedade.

Para se compreender bem este conceito é importante que você entenda a clara distinção existente entre Pró-labore e Distribuição de Lucros, pois o primeiro tem a ver com o lado trabalhador dos donos. A maioria dos donos de empresas trabalha nas respectivas organizações de que são proprietários, e portanto merecem um salário, um pró-labore, que nada tem a ver com o que retiram da firma. O pró-labore deve ser compatível com o salário de um funcionário para desempenhar a mesma função deste proprietário. Ou seja, se o dono não quisesse trabalhar e contratasse alguém para a função que exerce, teria naturalmente de pagar um salário àquele profissional: este deverá ser o pró-labore. É bom lembrar que o pró-labore deverá estar computado no custo da empresa, pois é um profissional que trabalha para a organização. Outra coisa são as retiradas de distribuição de lucros feitas em função de a empresa ter resultados para isso.

Como executivo e fundador da Alterdata Software, tendo experiência de cerca de 30 anos na construção de sistemas de gestão empresarial. Ao longo do caminho, tenho visto situações interessantes de empresas aparentemente quebradas, mas que, na verdade, são viáveis desde que os sócios compreendam esta distinção entre Pró-labore e Lucro. Ou ainda empresários que acreditam que suas empresas não lhes pagam o que devem, mas fazem a empresa pagar por despesas que não são da companhia, destarte criando problemas estruturais.

Conheço um caso de uma média empresa onde o proprietário retirava cerca de R$ 20 mil mensais e ainda obrigava a empresa a pagar colégio dos filhos, o clube que frequentava, contas de energia, água e condomínio do prédio em que morava, e na hora de calcular os custos dos produtos rateava todas estas despesas fazendo com que os preços ficassem altos demais, perdendo assim competitividade diante dos concorrentes. Eles não conseguiam compreender porque os concorrentes tinham preços menores. A forma de fazê-lo compreender que havia algo errado foi trazer-lhe à atenção que, se ele contratasse um funcionário para desempenhar a mesma função que exercia, pagaria ele todas as despesas deste profissional como fazia consigo mesmo? Sua resposta foi negativa. Ponderei então que ele deveria se demitir e contratar alguém para fazer a mesma função, pois ficaria muito mais em conta para a empresa.

Depois de algumas conversas com este empresário chegamos juntos à conclusão de que um profissional, para executar a função que ele exercia, deveria ganhar R$ 8 mil mensais, e que este era o número ideal para ser o pró-labore. Outro elemento que ele entendeu, não sem alguma dificuldade, foi que as contas pessoais poderiam ser levadas para a empresa pagar, desde que ele entendesse que a empresa só podia ser usada como boy para efetuar o pagamento bancário, ou seja, as contas a que me refiro continuariam a ser pagas pelo pró-labore. Isso quer dizer que se o pró-labore é de R$ 8 mil reais e ele levou contas pessoais no total de R$ 1 mil, a empresa deveria depositar apenas R$ 7 mil na conta bancária do sócio, já que R$ 1 mil foram destinados ao pagamento de despesas pessoais. É importante que estas despesas estejam lançadas no caixa da empresa como pró-labore, e não como conta de água, por exemplo, para não serem confundidas com as respectivas despesas de água da empresa.

Outro elemento é a Distribuição de Lucros, pois uma vez definido, no exemplo acima, que o pró-labore ideal seria R$ 8 mil, o empresário entendeu melhor os limites da empresa, ficando mais fácil perceber que não seria possível fazer retiradas de lucro senão nos meses em que a empresa tivesse lastro para tal. Implica dizer que tais retiradas não se fariam regularmente, todos os meses, a não ser que houvesse possibilidade.

Depois de entender este conceito ficará mais fácil compreender a situação de uma empresa com dois sócios onde apenas um deles trabalha diretamente na empresa e o outro é um sócio capitalista. Este sócio capitalista, que não trabalha diretamente, não deve ter pró-labore, pois pró-labore, o nome já diz, é para quem labora, trabalha, e consequentemente está no custo da companhia. O sócio capitalista retirará rendimentos através da Distribuição de Lucros de acordo com sua participação na sociedade, mesmo assim nos meses que for possível. Isso quer dizer que não necessariamente haverá valores a serem retirados por este sócio, eis que estamos falando de dividendos.

Em determinada situação, pode também haver pró-labores distintos para sócios com partes iguais na empresa. Pois é possível que um dos sócios tenha uma especialização em algo que possua muito mais valor em relação ao outro sócio, de tal forma que, se fossem contratar dois funcionários para executar as respectivas funções dos sócios, receberiam valores completamente diferentes. Neste caso os sócios teriam pró-labores diferentes e Distribuições de Lucro idênticas, uma vez que na sociedade possuem cotas semelhantes. Imagine o exemplo de dois sócios, um médico e outro enfermeiro, ambos recém-formados, que montam uma clínica com 50% na sociedade para cada um. Ambos vão envelhecendo, o médico fazendo inúmeros cursos e se transformando num cirurgião plástico e o enfermeiro continuando na mesma habilidade que tinha no início da sociedade. Neste caso o sócio médico-cirurgião deveria ganhar um pró-labore maior do que o sócio enfermeiro, pois certamente, se a clínica fosse contratar profissionais para substituir os sócios, naturalmente lhes pagaria valores distintos. Porém, depois de apurado o lucro mensal, os sócios fariam retiradas idênticas, uma vez que são sócios de partes iguais.

Desta forma, fica claro que se trata de coisas distintas mas igualmente importantes. É fundamental que os sócios entendam que a empresa lhes paga com base no resultado auferido, e para que este resultado seja calculado corretamente é importante que as retiradas sejam classificadas de maneira apropriada. Muitas empresas quebram por má gestão financeira, e a essência pode estar nesta confusão elementar entre Pró-Labore e Lucro.

Para maior consistência, segue um "case" para reflexão: "O objeto deste estudo é uma empresa do ramo de móveis, mais precisamente fabricação de estofados. A empresa era familiar, quadro societário composto por três irmãos. Atuava no mercado havia trinta e cinco anos, e era considerada bem-sucedida. Seu portfólio de clientes era composto de grandes redes nacionais de varejo. Durante o período de inflação alta, tudo ia bem, os aumentos nos custos eram compensados pelos aumentos nos preços de vendas. O despreparo administrativo e gerencial era encoberto pelos ganhos com as altas taxas de inflação, que provocavam majoração diária de preços. Aí veio o Plano Real. A forma de administração anteriormente praticada não mudou. Os dirigentes continuaram a retirar o pró-labore que "NECESSITAVAM", e, um pouco mais até, por conta de prováveis "lucros": a reforma e ampliação da casa eram prementes, continuavam a trocar o carro particular pelo do modelo do ano... Os investimentos eram feitos sem estudo prévio, sem nenhum planejamento. Os ganhos, agora reais, não mais eram suficientes para o cumprimento das obrigações geradas pela atividade. Partiram então em busca de capital de giro em bancos, instituições de crédito e particulares, para cobrir os custos de produção, pagamentos de fornecedores e, naturalmente, as retiradas mensais dos sócios. Pouco tempo se passaria e as contas começaram a ser pagas com atraso, já que não havia recursos suficientes sequer para as despesas operacionais, menos ainda para quitação dos empréstimos contraídos. Atrasos gerando juros e multa, não havia mais dinheiro suficiente, razão pela qual os impostos e contribuições sociais também deixaram de ser pagos por um, dois e três anos. Na desesperada tentativa de sobreviver, as vendas feitas pela empresa eram fechadas pelo preço determinado pelo cliente, após tentativas frustradas de aplicar a nova tabela de preços. A justificativa para tais negócios era de que, se não houvesse vendas e o mercado fosse perdido, seria pior, "era impossível parar". Afinal, havia os funcionários (em torno de 100) e suas famílias que dependiam do salário para viver, os sócios que dependiam da empresa, e não só financeiramente pois além de não terem nenhuma reserva financeira, não tinham nenhum diploma, e trabalhar na empresa era só o que sabiam fazer. As dívidas cresciam assustadoramente, agora engordadas pela inadimplência, pelos juros e pelo prejuízo da atividade. Não havia mais crédito. Os fornecedores (apenas alguns considerados essenciais) só entregavam os insumos necessários à produção com pagamento antecipado, acrescido do percentual do parcelamento já acordado, da dívida acumulada até então. Era o caos. Os funcionários, que já estavam com salários atrasados, começaram a ficar sem receber. A alternativa foi faturar os pedidos de vendas, antes mesmo de serem produzidos, utilizando os títulos de crédito (duplicatas) gerados com prazo de vencimento superior ao acordado com os clientes (para dar tempo de produzir e entregar), antecipando o recebimento dos escassos recursos, com desconto perante a agiotas, como único meio de gerar caixa nessa fase. Era o fim. O dinheiro teve de ser dividido entre funcionários, sócios e despesas essenciais, como a conta de luz (o fornecimento estava prestes a ser cortado por falta de pagamento), e não sobrou nenhum recurso para pagar a matéria-prima necessária à produção dos estofados já faturados, cujo título de crédito indevidamente emitido, que deu origem a esse mesmo dinheiro, havia sido vendido a terceiros. Sobreveio a falência. O desaparecimento da empresa provocou não só danos materiais, mas também sociais: não só as famílias perderam seu sustento, como os antigos funcionários aumentaram a fila do desemprego, ocasionando oscilação negativa na pequena economia local por falta de consumo. Os sócios perderam tudo o que construíram ao longo dos trinta e cinco anos de vida da empresa. Todos os bens de propriedade da empresa, tais como imóveis e veículos, foram declarados indisponíveis e leiloados para pagamento de reclamatórias trabalhistas e débitos com a União. Aos sócios coube o título de "falidos" – o que eram, senão isso? – com todas as consequências e restrições que irão perdurar até a subscrição, de vez que não havia a menor possibilidade de pagamento dos débitos com recursos pessoais, eis que nada de material lhes restara a não ser mais dívidas pessoais. Quanto à empresa, foi mais uma que morreu".

O centro deste "case" estava em os sócios confundirem as necessidades pessoais como sendo obrigação da empresa atender, sem ter nenhum planejamento quanto a se a empresa tinha condições de suprir tais retiradas. O fato de confundirem Fluxo de Caixa com lucros os fazia retirar mais dinheiro do que a empresa tinha capacidade de suportar, não sobrando recursos para novos investimentos, inovações, novos métodos de trabalho, incorrendo assim em erro grave de gestão financeira.

Para concluir, lembre-se de que a empresa é uma coisa completamente diferente dos sócios. O mundo ideal é a empresa ser mais rica do que os sócios, ter mais dinheiro dos que os sócios, ter mais investimentos do que os sócios, pois, visto que esta ganha dinheiro enquanto o sócio gasta dinheiro, a empresa é um centro de receita e o sócio um centro de despesa, não tendo nada a ver uma coisa com a outra: o fato de a empresa ter muito dinheiro em caixa não quer dizer que o sócio pode ficar trocando de carro pessoal o tempo inteiro. A empresa pode dar, matematicamente, Pró-Labore e Lucro para os sócios na medida da eficiência da mesma, o que não significa, no entanto, que a empresa tenha que suprir os sócios do padrão que desejam.

■ ■ ■ ■
Pense e reflita, e tome as melhores decisões !!!

FOCO NA DIFERENCIAÇÃO GERA BOAS OPORTUNIDADES

O momento em que uma empresa mais cresce é quando consegue um diferencial em relação aos principais concorrentes, mas quando tem a diferenciação como estratégia a vantagem passa a ser muito mais sustentável. Muitas empresas têm sua estratégia no preço de vendas, lutando sempre para praticar preços menores do que a média do mercado. Outras, no entanto, baseiam sua estratégia em logística, que se traduz em melhor e mais rápida distribuição. Todavia, é a diferenciação que faz realmente o cliente perceber valor.

Para ter a diferenciação como estratégia é importante partir da Proposta de Valor, ou seja, o que a empresa pretende diante dos clientes? O que ela agrega de valor aos clientes? Como o cliente percebe valor ao que é feito pela empresa? Estas questões precisam ser levantadas para que se mantenha a estratégia bem orientada. É importante que o principal executivo da empresa tenha a certeza de que o fundamental é gerar sentimento de valor no cliente e não apenas em si próprio. É o cliente que precisa ver que há uma diferenciação do que a empresa faz em relação aos concorrentes.

Quando o líder da empresa sabe estas respostas, passa a ter outro e grande problema, que consiste em fazer toda a corporação entender e manter os valores da empresa intactos ao longo do tempo. Quanto mais a empresa cresce, mais dificuldades o líder terá para manter todos alinhados, uma vez que o contato da base da pirâmide com o presidente da empresa vai-se reduzindo com o crescimento.

Desta forma, o líder precisa criar o ambiente de comunicação para que aquilo que ele acredita chegue, efetivamente, em todas as pessoas da empresa, não apenas nos líderes imediatos. É fundamental que faça chegar sua palavra a todos através dos meios de comunicação da empresa, sejam emails, quadro de avisos, intranets, discursos, reuniões. Enfim, que aumente os pontos de contato com as pessoas da empresa em geral. Dentro do possível, o líder deve estar mais presente – e em todos os momentos de contato – com o maior número de pessoas da empresa a fim de passar sucessivamente mensagens rápidas sobre valores fundamentais.

Agora que temos a comunicação em funcionamento, é importante garantir que todo o restante do arcabouço da empresa esteja alinhado com a estratégia de ter produtos e serviços diferenciados. Para tanto, alguns itens devem ser observados:

■ Certifique-se de que o líder e a equipe de gestão estejam de acordo sobre a diferenciação, hoje e no futuro. Uma ideia é pedir que cada um diga, por escrito, qual seria essa diferenciação e agrupar os resultados para posterior discussão. Considere, no mínimo, três questões: (1) quais as grandes fontes de diferenciação competitiva da empresa na opinião dos principais clientes? (2) como sabemos disso? (3) estas fontes estão ficando mais ou menos robustas?

■ Veja se a linha de frente da organização concorda com o resultado dessa sondagem. A descrição da estratégia e de áreas de diferenciação feitas por trabalhadores e supervisores é igual à do líder? Esse pessoal sente que entende a estratégia? Considera que é simples e clara? Sondagens e pesquisas por computador, tabuladas anonimamente, podem ajudar muito nesta tarefa de captação de informação;

■ Descrever a estratégia por escrito numa folha de papel ou numa ficha. Sua descrição é centrada em fontes cruciais de diferenciação? É uma descrição afiada e convincente para os outros, incluindo clientes e investidores. É sustentada por dados?

■ Faça um "post mortem" das últimas 20 iniciativas e investimentos voltados ao crescimento. Os maiores êxitos ou decepções da empresa são explicados, em parte, pela diferenciação central que foi transferida para outros objetivos?

■Traduza a estratégia num punhado de princípios inarredáveis. Dá para descrever princípios simples que a organização segue e que definem comportamentos, crenças e valores cruciais necessários para a condução da estratégia? Esses princípios são incorporados em rotinas ou são meras palavras em uma página?

■ Reveja a forma de monitorar os principais indicadores da saúde de seu core business e de seus diferenciais, tanto para o ajuste em curto prazo quanto para os investimentos em longo prazo em novas capacidades. Seu método promove o aprendizado e a adaptação? A rapidez da adaptação é uma vantagem competitiva? Tem certeza?

Estes elementos poderão contribuir para que a empresa esteja sempre focada na diferenciação, para que novos métodos sejam implantados, novos produtos trabalhados, novas formas de atendimento realizadas. Mantenha sempre o foco na estratégia de ser diferente, para que possa atingir o objetivo principal, que sempre será ter o cliente mais bem servido.

Ladmir Carvalho

GRANULE A INFORMAÇÃO PARA ERRAR MENOS

A missão preponderante de um gestor é errar o menos possível, o que implica tomar decisões certas na maior parte do tempo. Mas para que isso aconteça é importante que este profissional se acostume a pensar de maneira apropriada, a cobrar as pessoas de determinada forma, mudando, destarte, a maneira de proceder.

Quando um subordinado traz determinada informação a seu líder, os dados, em geral, são abrangentes e difusos demais para se concluir algo. Ainda assim, a empolgação faz com que muitos gestores não raro tomem decisões precipitadas, prejudicando o nível de acerto e comprometendo sua imagem como profissional.

Existem sempre duas possíveis maneiras pelas quais estas informações são trazidas ao líder para decisão:

1) A informação pode ser destituída de embasamento matemático: é quando o subordinado diz que algo precisa ser feito porque simplesmente está "achando" que seja melhor. Este profissional não está se baseando em nenhum levantamento estatístico, mas unicamente em sua própria sensibilidade. Apesar de o líder confiar no subordinado, deve levar em consideração que ele é um ser humano como qualquer outro, que pode estar enganado, empolgado ou influenciado, sendo, estas, situações de risco que não devem ser desconsideradas. Neste caso, a melhor alternativa é pedir àquele que traga informações com fundamentação matemática, que apresente estatística, algum levantamento capaz de assegurar que a informação é verdadeira e real. Via de regra, mesmo situações aparentemente subjetivas podem ser quantificadas e avaliadas mediante modelos matemáticos;

2) A informação pode apresentar-se com um dado estatístico de pouca profundidade, induzindo o líder a incidir em erro. Um bom exemplo é quando o histórico de crescimento de vendas de uma empresa é de 10% ao ano, e em determinado ano o gerente comercial informa ao presidente da empresa que houve um crescimento de 30%. Apesar de a empresa estar num bom momento, esta empolgação pode camuflar alguns erros que, se não existissem propiciariam cifras ainda melhores. Deve-se considerar que a grande maioria dos dados apresentados, como em nosso exemplo, são médias aritméticas, ou seja: quando se tem 30% na média, tal índice sinaliza que existem elementos para cima e para baixo. Neste caso, poderá haver vendedores que cresceram 80%, e vendedores que cresceram 10%; talvez haja um estado da federação com crescimento em 70%, ao passo que outro acusará 15%; algumas linhas de produtos crescem 60%, já outras, 18%. Enfim, quase sempre haverá elementos que poderiam ser melhorados, o que faria a média elevar-se ainda mais.

O bom líder não toma decisões baseadas em princípios com fundamento frágil: é importante que a pessoa que está no topo da hierarquia tenha a certeza de que suas decisões se fundam em informações estatísticas, as quais, se não forem exatas, poderão desvirtuar importantes fatores de decisão.

Sendo assim, recomenda-se ao líder que procure, na maioria da vezes, entender a necessidade de GRANULAR as informações, decompondo subsídios genéricos em partes menores tendo em mira compreender detalhes significativos com critério mais acurado.

Granular significa tomar uma informação maior e fragmentá-la para descobrir onde poderão existir pontos passíveis de melhora, que, afinal, sempre existirão. Uma empresa de sucesso jamais achará que é perfeita, sempre estará à procura de aspectos que podem ser melhorados a cada trabalho que executa, sejam estes ligados a processos ou a pessoas. O líder deve conter sua emoção diante de números muito bons ou muito ruins, que podem estar escamoteando elementos importantes no processo de encontrar pontos de melhora. Às vezes, o indicador de inadimplência da empresa pode estar-se comportando tão mal que o líder acaba despercebendo o fato de que determinada filial está indo bem até demais. Seria, portanto, de suma importância para a empresa entender como ela está operando, com que regularidade, que prioridades estabelece, enfim, qual o modelo de sucesso, passível de ser replicado. O mesmo acontece quando o número é bom demais: este poderá estar escondendo a ineficiência de algumas regionais. Daí a importância de estimular os últimos da fila para melhorá-los o tempo inteiro. Tenho visto empresários fazerem suas empresas crescer astronomicamente em vendas em determinado ano, e, mesmo assim, demitir algumas pessoas em razão de baixo resultado de vendas - o que está absolutamente correto quando se considera que o bom resultado da média não significa que a empresa "inteira" esteja indo bem.

Às vezes o presidente da empresa remove um profissional antigo da liderança de um setor da companhia, o qual está indo muito bem e a grande maioria das pessoas, não entendendo o porquê, comenta que o líder parece não perceber a importância daquela pessoa. Mas na verdade estes críticos é que não dispõem dos elementos imprescindíveis a um julgamento equânime por lhes faltarem as informações granuladas que apenas o líder possui para perceber que, apesar de a empresa estar indo muito bem, aquele determinado profissional antigo da companhia não estava conseguindo conduzir seu setor segundo padrões vigentes, destarte contribuindo para que a média geral não fosse tão boa como deveria. Quando o líder tem credibilidade ante a equipe, todos confiam nas decisões, pois sabem que o mesmo detém informações granuladas na medida certa.

Para que o gestor acerte mais do que erre é importante exigir a granulação sempre, algo fundamental para entender mais dos detalhes de tudo o que lhe é apresentado.

Como Diretor Executivo e fundador da Alterdata Software, sempre focado na gestão dos negócios, lido com a criação de programas de computador para milhares de empresas. Assim, percebo nitidamente o quanto a grande maioria dos problemas empresariais resulta da postura do líder antes que da falta de mercado ou equipe ineficiente. Os softwares que a Alterdata produz estão preparados para dar informações com excelente nível de granulação. O sistema, entretanto, não fará tudo sozinho, é importante que o gestor saiba exigir a necessária análise com a devida riqueza de detalhes. O líder precisa ser exemplo no que concerne a tomar decisões com base em elementos detalhados para que os gerentes procedam da mesma forma. Granular é muito mais do que retórica de gestão: trata-se essencialmente de uma cultura corporativa que deve ser implantada a partir do topo da pirâmide hierárquica, de sorte que todos entendam com a maior clareza os pontos de melhora, acostumando-se a indagar sobre números, esquadrinhar detalhes – pormenores normalmente implícitos. Segundo Gary Cohen: "Os bons líderes não dizem a seus colaboradores o que têm de fazer, mas sim motivam-nos a agir por meio de perguntas". Um exemplo clássico dentro da Alterdata são os painéis de indicadores – o Cockpit da empresa – que foram construídos diretamente pela diretoria junto com os gerentes de cada setor, de tal forma que são os diretores que definem o grau de granulação em que os gerentes e líderes irão analisar as informações, com isso garantindo que nada passará despercebido. Ao mesmo tempo, tornam-se eles referenciais de gestão, criando uma cultura corporativa que atribui valor aos detalhes.

Conheço empresários que não querem se envolver com detalhes, e dentro de uma empresa com inúmeros setores e gerentes, cada um começa a administrar seu departamento diferentemente de seus pares, como se fossem empresas autônomas. Este tipo de situação cria um problema gigantesco no âmbito da companhia, já que esta consiste efetivamente de uma massa que precisa ser compacta, coesa e não dispersa, eis que a força de uma empresa repousa no equilíbrio das partes que a constituem. E quanto mais os atores conheçam os detalhes, mais poderão perceber o quanto estão sendo impactados pelos demais setores, por estratégias comerciais, por políticas de cobrança, enfim, por departamentos correlatos.

O mundo ideal é aquele em que um gerente, ao apresentar ao líder uma informação estatística, esta possua duas vertentes complementares. Assim, quando disser, por exemplo, que a produtividade da empresa cresceu 50%, complemente com algo como:

1) 'Detectei que, apesar de termos tido um crescimento muito bom, no ponto mais alto temos profissionais cuja produtividade foi 90%, e estes estarão sendo utilizados nos seminários internos para passar aos demais as técnicas e procedimentos de que se utilizaram para atingir tão bom resultado'.

2) 'Percebi também que, apesar de o crescimento ter sido da ordem de 50%, tivemos profissionais com produtividade abaixo de 5%, os quais passarão por um treinamento e serão reavaliados dentro de 60 dias. Caso não melhorem, serão dispensados. Também tivemos pessoas com produtividade em torno de 20%: estas passarão por entrevistas para entendermos suas dificuldades, de modo que possamos melhorar este indicador no próximo ciclo'.

Nos exemplos acima, poderíamos estar falando de um departamento de atendimento ao cliente que, não obstante o excelente número de natureza macro evidenciar bom desempenho, pode-se inferir que a média geral de 50% poderia ter sido ainda melhor caso os segmentos mais baixos que compuseram este algarismo fossem menos afetados pela cobrança, pela entrega, pelo call center, enfim, por setores que não contribuíram para melhora mais expressiva. Se olhássemos apenas para os 50%, talvez ficássemos satisfeitos, deixando possivelmente de alcançar números ainda mais significativos.

Friedrich Nietzsche, um dos maiores filósofos da humanidade, afirmou: "O homem que vê mal vê sempre menos do que aquilo que há para ver; o homem que ouve mal ouve sempre algo mais do que aquilo que há para ouvir." Com isso deixou clara a importância de vermos as coisas com detalhes, ouvirmos o máximo que pudermos para compreendermos de fato o que está acontecendo – e com isso acertarmos mais em nossas decisões.

Lembre-se que seu concorrente poderá estar granulando mais do que você, assim melhorando mais o que pode ser melhorado.

Enfim, é importante que o líder receba as informações macro com os detalhes das informações micro. Se você é um gerente que precisa apresentar informações a um seu superior, não se contente em apresentá-las sob forma generalista demais: o seu líder poderá lhe pedir detalhes que você talvez não tenha, o que obviamente não será bom para sua carreira como gestor. Se você é um líder que recebe informações dos gerentes, lembre-se: sua decisão poderá estar viciada por algo que não está percebendo. Isto posto, exija sempre e invariavelmente que a informação apresente-se GRANULADA.

INDISCIPLINA GERA INDISCIPLINA

Muitos líderes não conseguem entender porque seus departamentos ou empresas são difíceis de serem controlados, não entendem porque existe indisciplina, que parece ser um problema cultural sério para o qual o único caminho que enxergam é demitir todos e montar uma nova equipe.

Pode até ser que a solução seja a troca completa de uma equipe, mas, não precisa ser assim. Em meus quase 30 anos de experiência com o desenvolvimento de software, em que tenho tido contato com centenas de empresários dos mais diversos segmentos, pude perceber algo que sempre me deixou muito intrigado: empresas muito organizadas, limpas, estruturadas e com foco, sendo administradas por líderes absolutamente diferentes uns dos outros. De fato, eu não conseguia encontrar um tipo de líder que pudesse considerar qual paradigma a ser seguido integralmente. Isso me deixava certo de haver algum elemento que eu não conhecia e que poderia estar influindo diretamente no ambiente de trabalho, destarte favorecendo expressivamente a empresa e a carreira das pessoas.

Recentemente comecei a prestar atenção na Alterdata – empresa que fundei e hoje possui 1.000 funcionários – bem como nas empresas de clientes mais próximos nas quais, em alguns departamentos, a disciplina é administrada com seriedade, e os objetivos, atingidos; onde as coisas se realizam com mais regularidade. São lugares onde o ambiente é mais limpo, harmônico, cooperativo e disciplinado. Tentei associar isso ao comportamento do líder. No passo seguinte, passei a buscar literatura a respeito. Esta me fez compreender que quanto mais o líder é tolerante com a indisciplina, tanto mais ela acontece; quanto mais se permite a sujeira, mais a sujeira toma conta; quanto mais se aceita funcionários apáticos, mais os indiferentes assomam – e tudo por uma questão de psicologia social.

Às vezes equipes compostas por profissionais de alto nível não têm um desempenho satisfatório. Isso, por certo, tem a ver com o fato de que o coletivo influencia o indivíduo. Por mais que se possa dizer que não somos influenciados pelo meio, que temos personalidade própria, estudos científicos têm demonstrado o contrário. De modo que o líder tem de compreender que ele é a essência da organização de um setor, e que mesmo que esteja lidando com os melhores engenheiros, técnicos e cientistas do planeta, o social em que estão inseridos, a atmosfera reinante, poderá fazer com que todos tenham um desempenho pior ou melhor.

Esta teoria tem sido comprovada inúmeras vezes por pesquisas científicas – e mesmo assim alguns líderes ainda não entendem a importância deste conceito.

Em 1969, na Universidade de Stanford, nos EUA, o prof. Phillip Zimbrado realizou uma experiência de psicologia social que mudaria a forma de pensar de muitos estudiosos. Ele deixou dois veículos abandonados na via pública, sendo ambos idênticos, da mesma marca, modelo e cor. Um ficou no Bronx, periferia pobre e conflituosa de Nova York; o outro em Palo Alto, área rica e tranquila na Califórnia. Note-se que eram dois carros idênticos deixados ao acaso em dois bairros com populações diametralmente diferentes, e uma equipe de especialistas em psicologia social em cada local estudando a conduta das pessoas diante dos veículos.

Ocorreu que aquele abandonado no Bronx começou a ser vandalizado em poucas horas. Perdeu rodas, motor, espelhos, rádio... Dilapidaram tudo o que fosse aproveitável, e aquilo que não puderam levar, destruíram. Por seu turno, aquele abandonado em Palo Alto manteve-se intacto. Estes fatos poderiam ter levado à conclusão de que o vandalismo estaria ligado a questões de ordem social, cultural ou financeira. Mas a pesquisa não parou por aí.

Após uma semana, quando a viatura de Palo Alto ainda estava intacta, os pesquisadores quebraram um dos vidros do automóvel. O resultado foi que se desencadeou o mesmo processo que já ocorrera no Bronx: novamente, o roubo, a violência e o vandalismo reduziram o veículo a um estado deplorável, semelhante ao do que fora destroçado no bairro pobre. Daí veio a questão: por que o vidro partido, conforme mencionado, num bairro supostamente seguro é capaz de deflagrar todo o processo delituoso?

Não se trata de pobreza, tudo está ligado à psicologia humana e relações sociais. Um vidro quebrado numa viatura abandonada passa a ideia de deterioração, de desinteresse, de despreocupação que vai quebrar os códigos de convivência civilizada, inspirando ausência de lei, de normas, de regras. Instala-se o "vale tudo". Cada novo ataque que o automóvel sofre, reafirma e multiplica essa ideia, até que a escalada de atos cada vez piores se torna incontrolável, desembocando na violência irracional.

Esta se tornou a "Teoria das Janelas Partidas", que sinaliza o que pode acontecer em qualquer ambiente, inclusive no trabalho. Se o líder permite que num setor alguns cheguem atrasados, os demais que são assíduos farão o mesmo; se o líder permite que alguns ajam com falta de respeito com os outros, até os mais circunspectos começarão a agir assim também; se as pessoas não são punidas por seus erros, os demais, que acertam, passarão a trabalhar com menos empenho.

Por conseguinte, é fundamental que cada um seja tratado em consonância com seus erros e acertos individuais. E a presença do líder, como conciliador em alguns momentos, porém forte e exigente em outros, fará o conjunto andar melhor.

É importante o líder compreender que a justiça entre as pessoas de uma equipe é que moverá todos uma maior produtividade; que cada um tem seu valor particular – e isso seria comprovado por outra experiência. Certa vez um professor dava aula quando os alunos começaram a questionar que o sistema socialista era melhor que o capitalista. Diziam que com o governo intermediando a riqueza ninguém seria pobre e ninguém seria rico, atingindo-se o igualitarismo. Consequentemente, o professor propôs fazerem um experimento socialista na classe, mas ao invés de dinheiro seriam usadas as notas das provas. Assim, as notas de toda a classe seriam concedidas unicamente com base na média da classe, e, portanto, seriam "justas". Todos receberiam as mesmas notas, o que significava teoricamente que ninguém seria reprovado, da mesma forma que ninguém receberia um "A".

Calculada a média da primeira prova, todos receberam um "B". Quem estudou com dedicação ficou indignado, mas, os alunos que não se esforçaram ficaram muito felizes com o resultado. Quando a segunda prova foi aplicada, os preguiçosos estudaram ainda menos: haveriam de ter notas boas de qualquer forma. Já aqueles que tinham estudado bastante no início resolveram embarcar no trem da alegria das notas. Resultado: a segunda média das provas foi um "D". Ninguém gostou.

Depois da terceira prova, a média geral foi "F" – e as notas não voltaram a níveis mais altos. Mas, as desavenças entre os alunos, a busca por culpados, até mesmo palavrões, passaram a fazer parte da atmosfera das aulas. O clamor por "justiça" da parte dos alunos tornou-se causa de reclamações, inimizades e sentimento de iniquidade que se instalaram no seio da turma.

Por fim, ninguém mais queria estudar para beneficiar o resto da turma, resultando em que todos os alunos foram reprovados pelo professor, para total surpresa da classe.

Disso podem-se extrair determinadas conclusões acerca do coletivo, que tanto pode ser o ambiente de trabalho em uma empresa como o setor de que fazemos parte:

1) Não se pode recompensar o setor inteiro em detrimento dos seus melhores integrantes;

2) Não é possível que para cada funcionário recebendo prêmio sem trabalhar exista outro trabalhando em excesso;

3) Não se consegue produtividade máxima de um setor senão quando se exige de todos e de cada um que deem o seu máximo individualmente;

4) É impossível multiplicar produtividade tentando dividi-la entre todos;

5) Quando metade dos funcionários entende a ideia de que não precisa trabalhar porque a outra metade sustentará a produtividade; e quando esta segunda metade entende que não vale mais a pena trabalhar para sustentar a primeira, o caos estará formado.

Percebe-se, assim, que é importante que o líder crie o ambiente competitivo de forma saudável. É mais eficaz. Este experimento tanto poderia ter sido feito numa escola como numa empresa, com ricos ou pobres, cultos ou não, que o resultado seria o mesmo. Afinal, estamos falando de psicologia social, que assegura que o caos se instaura dependendo do que o líder permite.

Sendo assim, é importante que o líder mantenha o ambiente controlado, as pessoas medidas, as rotinas assentadas, que todos sintam que estão sendo monitorados, que todos percebam que predomina justiça, que os funcionários tenham a certeza de que vale a pena trabalhar.

Mesmo ambientes de pessoas muito cultas e preparadas precisam de controle e vigilância, de vez que a constituição humana o exige. Lembre-se do que acontece nas estradas brasileiras onde a maioria das pessoas não respeita o limite de velocidade porque acredita que não serão apanhadas, e isso independe do nível cultural das pessoas. Agora, pense: será que na empresa em que trabalha, esta mesma pessoa, que acredita que não haja controle sobre suas rotinas, também não infringirá as regras?

Um outro estudo de grande relevo para este artigo foi feito por Dan Ariely, um dos mais respeitados pesquisadores do MIT – Massachusetts Institute of Technology – sobre comportamento humano. A teoria que se buscava provar é que existe uma irracionalidade previsível nas pessoas e em seus comportamentos, de sorte que, mesmo havendo consciência que de algo é errado, as pessoas o fazem quando percebem que não há controle.

Dan começou um estudo sobre trapaças: queria entender porque existem espertezas em ambientes coletivos, onde pessoas inteligentes, conscientes, cultas e honestas trapaceiam. Ele queria entender se poucas pessoas ruins contaminavam o grupo ou se havia um comportamento errado por falta de controle. Entregou, pois, uma folha de papel a cada pessoa de um grande auditório contendo vinte problemas de matemática simples que todo mundo consegue resolver, mas sabendo desde logo que não teriam tempo suficiente para tal. Depois de exatos cinco minutos, ele dizia para devolverem as folhas que ele daria 1 dólar por resposta correta. As pessoas obedeciam e ele acabavam pagando 4 dólares na média. Outras pessoas ele induzia à trapaça: entregava-lhes as folhas da mesma forma e quando os cinco minutos acabava, ele dizia: "Destruam a folha de papel, coloquem os pedaços no bolso e digam quantas respostas vocês responderam corretamente." Agora as pessoas "resolviam", em média, sete questões. Então percebeu-se que num grupo grande, não é que existem poucas pessoas trapaceando muito, mas sim muitas pessoas trapaceando pouco; ou, por outra forma: não é questão de ter uma laranja podre no meio das outras que estraga um grupo, mas é a sensação de não haver vigilância que estimula a trapaça.

Vários outros experimentos de Dan Ariely comprovaram que a questão diz respeito às seguintes perguntas: 'Qual a probabilidade de eu ser pego?', 'Quanto eu posso ganhar através da fraude?' e 'Qual a punição que eu receberia caso fosse flagrado'?

A pessoa pensa no custo-benefício de forma inconsciente. Nessa linha, estudos demonstraram que todos querem olhar-se no espelho e sentir-se bem; que não querem trapacear, mas por outro lado, podem trapacear um pouco sem desassossego íntimo, como que existindo um nível de trapaça aceitável, que o próprio indivíduo pode tolerar, sentindo-se, todavia, bem consigo mesmo; contudo, daí para frente, ultrapassada a fronteira, sentem desconforto moral.

Porém, quando o estudo da trapaça os fez jurar sobre a Bíblia, as trapaças desapareceram, demonstrando que havia algo psicológico que os impedia de cometer a pequena trapaça, como se Deus os estivesse vigiando. Para excluir aspectos religiosos, fizeram-nos, em vez do juramento, assinar um código de honra. De novo não houve trapaças.

Este estudo evidencia que a empresa precisa ter mecanismos para que todos se sintam comprometidos, monitorados, com envolvimento moral e psicológico para não ludibriar os seus líderes, os seus colegas, os seus clientes, os seus fornecedores. Para tanto é fundamental que a empresa tenha mecanismos de aferição de desempenho pessoal, que saiba exatamente o que todos estão fazendo, como estão fazendo, e com que velocidade. Isso não tem relação com ser uma empresa rigorosa, refere-se, antes, e de forma direta, a ser uma empresa que entende como funciona o cérebro dos profissionais da companhia, o coração das pessoas, as emoções dos seres humanos.

Não obstante a atividade econômica uma empresa exerce, ela sempre será constituída de pessoas, razão por que é necessário equilibrar duas grandes vertentes:

1) Há que sermos monitoradores, criadores de rotinas e indicadores de desempenho individual, disciplinadores, bem como organizadores;

2) Precisamos saber mais das pessoas, saber, se necessário, empregar a força na medida certa, saber a importância de ser acessível, de encantar corações, motivar o grupo a seguir na direção certa, sabido que afinal não se faz uma empresa sem equipes fortes.

Quando digo SER algo é porque precisamos ter estas habilidades mínimas; e quando digo SABER é porque temos que aprender o tempo inteiro. Nossa HUMILDADE permitirá que isso aconteça.

Rematando, se você é um líder de setor, um gerente de departamento, um executivo de empresa ou mesmo um dono de negócio, saiba que você precisará controlar todos e tudo o que acontece à sua volta, porque indisciplina traz indisciplina, desordem gera desordem, falta de produtividade resulta em retração – e a essência, a razão última, está na falta de justiça individual. Para ser mais categórico, é precisamente isso que determina a anarquia na coletividade. Assim sendo, não aceite ser líder de um ambiente sem controles.

LÍDERES DO PRESENTE E DO PASSADO SÃO DIFERENTES?

O processo de aprendizagem de qualquer assunto depende essencialmente de se analisar o que aconteceu no passado com relação ao tema que estamos estudando. Significa que erros e acertos precisam ser avaliados para garantir que estamos trilhando caminho seguro.

Esta forma de pensar deve conduzir toda aprendizagem, inclusive em assuntos ligados a liderança, pois sabemos que coordenar está diretamente ligado à forma de comandar uma equipe. Existem inúmeros relatos históricos de grupos com excelentes pessoas que fracassaram em empresas, equipes esportivas, exércitos... E na atualidade isso acontece com mais frequência porque alguns líderes não percebem que houve uma mudança significativa na forma de comandar pessoas.

Sou um dos principais executivos da Alterdata Software, empresa que fundei aos 25 anos de idade, e hoje, com meus atuais 51, e cerca de 1.000 subordinados diretos, percebo como a linha de comando teve que ser ajustada em função da maneira como estas pessoas recebem instruções, tarefas, metas e objetivos.

Procurando um pouco de conteúdo a respeito, encontrei uma entrevista no portal da revista "Veja" de Marshall Goldsmith, coach de mais de 1.500 executivos listados pela revista Forbes, em que alerta que uma das armadilhas do sucesso é a presunção e a arrogância. Ele inclusive dá detalhes sobre a mudança de perfil da liderança, expondo suas ideias de forma tão clara e transparente que resolvi transcrevê-las na íntegra:

"Autor de mais de 30 livros de gestão e liderança, o americano Marshall Goldsmith é um dos coachs de executivos mais respeitados dos Estados Unidos. Ao longo de 30 anos de carreira, Goldsmith treinou mais de 150 CEOs listados na revista Forbes. Entre seus alunos, estiveram Alan Mulally, presidente da Ford, e o general Eric Shinseki, que chefiou o gabinete das Forças Armadas dos Estados Unidos. O autor esteve no Brasil na última semana a convite da escola de negócios Hult e da Fundação Dom Cabral para conversar com empresários brasileiros. Chamado de 'guru dos CEOs', ele falou ao site de VEJA sobre o perfil dos líderes do país e as características que podem ser

melhoradas. "O Brasil precisa tomar cuidado com o perigo do sucesso. Em qualquer organização, quanto maior o sucesso, maior pode ser a armadilha da arrogância e da presunção. É algo no que os CEOs brasileiros precisam pensar. Uma luz amarela para eles", disse. Confira trechos da entrevista.

Qual é a principal diferença entre os líderes de hoje e os de 30 anos atrás, quando o senhor começou?

Os líderes do passado sabiam mandar. Os de agora devem saber como pedir. Um dos grandes desafios dos líderes empresariais deste século é adquirir a capacidade de ouvir, aprender e perguntar. Antes, não era necessário. Hoje, você não pode simplesmente dar ordens. No Brasil, por exemplo, a economia está indo bem, as pessoas são espertas, capazes e confiantes. Se um líder que tem essas pessoas ao redor decide tratá-las de cima para baixo, elas vão embora. Não é mais um cenário em que as pessoas precisam, desesperadamente, daquele emprego. Agora há milhares de oportunidades. E quanto mais jovens, mais sensíveis elas são ao tratamento que recebem. Hoje, não trabalham só pelo dinheiro. Elas exigem um tratamento de igual para igual. Não admitem grosseria.

Um líder que pergunta sempre o que fazer não é visto como fraco?

Não, pois eles não precisam fazer tudo o que lhes é dito. O líder tem o poder da decisão. Eu os treino para que absorvam o quanto puderem dos demais, mas não precisam acatar tudo. O líder não precisa agradar a todos. Conduzir uma empresa não é um concurso de popularidade.

Os CEOs brasileiros têm perfis diferentes daqueles dos demais países?

Eles são muito mais ligados à família. Tanto que, quando ensino, sempre resgato exemplos que possam ser aplicados à família. E eles gostam muito. Já na Europa, não gostam tanto. No Brasil, eles se esforçam na área profissional, muitas vezes, para agradar a própria família. Sobretudo porque, no Brasil, muitos dos grandes negócios estão no seio familiar.

O senhor diria que eles são mais ambiciosos?

Não, diria que eles são mais movidos pela emoção. Na Índia, por exemplo, eles são muito focados, muito respeitosos, querem aprender, mas são menos emotivos. Na Europa, são mais ásperos, se cansam mais. Não que isso seja um impedimento. Apenas torna o trabalho mais desafiador.

Quando os CEOs o procuram, eles querem, no geral, a mesma coisa?

Depende. Os que entram em contato comigo por vontade própria querem melhorar. Eles querem ser exemplos para seus funcionários, querem aprender. Mas há casos em que o conselho da empresa me pede para dar o coaching ao CEO porque acha que, desta forma, ele pode ser um pouco mais eficiente. E há ainda os conselhos que me contratam para treinar os futuros CEOs. Cerca de 70% dos meus alunos são presidentes de empresas, mas 30% são aqueles nos quais as empresas apostam para os próximos anos.

Todos os CEOs são 'treináveis'?

Nem todos. É preciso que queiram melhorar. Os conselheiros que me contratam sempre me fazem essa pergunta. Quando um executivo termina um grande curso de MBA, ele tem capacidade técnica. Todos que traçam esse caminho têm capacidade técnica. O diferencial que os recrutadores buscam é se esses jovens líderes estão dispostos a ouvir e a aprender. Se um determinado jovem não quer ouvir, ele se torna um problema desde o início para as empresas.

E eles estão dispostos a ouvir?

Hoje, muito mais do que antes.

Os brasileiros estão dispostos a aprender?

Sim, mas os que mais se destacam nesse quesito são os asiáticos. Não é que eles sejam melhores, mas eles querem aprender mais. Na Índia, eles idolatram os professores, ouvem tudo e são muito focados. No Brasil, o professor não tem tanto status. Então não é o aprendizado puro que move os brasileiros. É a família.

O que pode ser melhorado no comportamento desses executivos?

Há uma situação perigosa acontecendo, que acende a luz amarela para o país, não a vermelha. É o perigo do sucesso. Em qualquer organização, quanto maior o sucesso, maior pode ser a armadilha da arrogância, da presunção, de se achar especial. É algo em que os CEOs brasileiros precisam pensar. Não se trata de ser melhor que ninguém. Ocorre apenas que o país e seus líderes estão aproveitando as oportunidades que surgiram. Talvez as gerações passadas não tenham tido essas mesmas oportunidades. Mas isso não quer dizer que não tenham sido, também, brasileiros brilhantes.

Há mais puxa-sacos hoje do que antes nas grandes empresas?

Não sei dizer. A bajulação existiu ao longo de toda a história e não creio que deixe de existir. O que é engraçado é que todos os CEOs que treinam comigo dizem odiar os puxa-sacos. E eu lhes perguntei por que, então, há *tantos puxa-sacos nas empresas? O fato é que o puxa-saco em uma empresa é como o cachorro dentro de uma casa. Não briga, não reclama, está sempre feliz em ver o dono, não liga se o dono chega bêbado em casa. E, no final das contas, o membro mais amado da família acaba sendo quem? O cachorro. Sempre vai haver a bajulação porque sempre vai haver pessoas elogiando seus superiores e ganhando favoritismo por causa disso.*

Qual é o seu CEO favorito?

Alan Mulally, presidente da Ford. Um cara espetacular que transformou aquela empresa. Ele foi meu aluno, mas, no fim, ele que acabou me ensinando muitas coisas. Ele me ensinou a trabalhar sempre com as melhores pessoas, com pessoas sensíveis e que se preocupam com o ambiente em que estão. E o Alan é muito amado na Ford. Mas isso não quer dizer que ele seja o rei da popularidade. Ele sabe tomar decisões difíceis e as tomou muitas vezes. Mas sabe lidar com as pessoas.

Há um movimento liderado pela diretora de operações do Facebook, Sheryl Sandberg, para estimular a liderança entre as mulheres. Mulheres são boas líderes?

Em média, a mulher é percebida com melhor líder que o homem. O problema é que as mulheres são muito mais duras com elas mesmas e isso as impede de avançar. Elas são muito mais duras que os homens, na verdade. O que digo para elas no coaching é para que não sejam tão duras. Elas querem ser perfeitas em tudo: como mães, esposas, filhas, amigas e profissionais. Mas ninguém é perfeito. Os homens sabem que as mulheres, no geral, são melhores que eles em tudo que fazem. A boa notícia é que eles não ligam para isso. Outra coisa que as mulheres não sabem fazer é autopromoção. Já os homens fingem que não sabem, mas sempre se autopromovem. As mulheres têm a percepção ingênua de que o mundo vai reconhecê-las se elas trabalharem duro. Isso não acontece. Toda empresa tem um departamento de marketing para vender seu produto, mesmo os bons produtos. Elas não podem ter medo de mostrar seu trabalho. Não podem se sentir mal por tentar ir adiante. E a Sheryl Sandberg diz isso em seu livro.

Ela também diz que as mulheres que se autopromovem são, em muitos casos, odiadas. Sim. Mas as mulheres precisam fazer as coisas de maneira diferente dos homens. A autopromoção feminina não pode ser dura. Eu digo às mulheres: se tiverem um sonho, corram atrás. Mas terão de dar algo em troca. E é essa troca que as faz se sentir culpadas e, em muitos casos, as impede de ir adiante."

■ ■ ■ ■

Eu, particularmente, concordo com o que está sendo comentado, que os tempos são outros e os líderes não podem acreditar que a forma de comandar, que dava certo anos atrás, terá hoje o mesmo resultado. Com efeito, os profissionais que estão entrando no mercado de trabalho o fazem de forma distinta de como ocorria no passado, são educados diferentemente, querem coisas diversas, as oportunidades do mercado são outras, e não apenas em quantidade, mas também em qualidade.

Em face disso, a mensagem final para quem quer crescer na carreira é entender que comandar um grupo de pessoas é muito mais uma questão de ser um exemplo antes que apenas ditar ordens; é convencer pessoas mais do que obrigá-las a fazer; é apontar rumos em vez de somente cobrar resultados.

Para mudar sua empresa e sua carreira, comece repensando o conceito de liderança à luz dos tempos atuais.

NETWORK AJUDANDO A CRESCER

Para que possamos melhorar na carreira ou mesmo fazer nossa empresa crescer para outras frentes precisamos de Networking, necessitamos estar conectados com pessoas que nos elevem a outro patamar, que nos façam perceber outros enfoques, que nos façam entender de outras coisas além daquelas que gostamos e sabemos fazer.

Para se formar uma boa rede de relacionamentos é fundamental compreender que somos seres sociais em nossa essência, queremos estar com pessoas, seja no trabalho, lazer, turismo, esporte, ou outra atividade qualquer, e, ainda, que somos dotados de livre arbítrio para escolher nossas companhias. Se podemos escolher as pessoas com quem nos relacionamos, não faz sentido estarmos com pessoas que nos coloquem em situações piores do que aquela em que nos encontramos. Segundo Rob Cross, prof. da University of Virgínia, em um estudo profundo sobre o assunto publicado na Harvard Business Review, temos que incluir em nosso círculo mais próximo pessoas com energia positiva, pois se estes forem entusiásticos, autênticos e generosos, assim também seremos nós, atraindo coisas boas para a nossa carreira ou empresa.

O estudo deste professor deixa claro que devemos ter pessoas em nosso círculo de relacionamento que compreendam de coisas diferentes das que entendemos, visto que andarmos apenas com pessoas iguais a nós mesmos não é nada engrandecedor profissionalmente, não nos fará enxergar oportunidades diferentes do padrão costumeiro. Então é bom termos relacionamento próximo com alguns clientes externos ou internos a fim de compartilhar melhores práticas de gestão ou carreira, e ainda nos relacionarmos com pessoas de outros campos de atividade.

Este estudo também comenta que precisamos ter em nosso círculo pessoas que possam criticar nossas decisões, avaliar a nossa conduta, inspirar e instigar o nosso crescimento pessoal, o que às vezes provém de um amigo de outro setor da empresa, de outros empresários de maior porte, de um superior hierárquico, ou quem sabe de nossos cônjuges.

Pesquisas demonstram ainda que é importante ter neste círculo pessoas abaixo de nossa posição, para que possamos ter informações do que acontece no ambiente que nossas decisões influenciam, com uma ressalva: é importante compreender com clareza se esta informação é sincera ou está influenciada pelo nosso cargo.

Estarmos em grupos de empresários ou profissionais da área, sendo muitos de maior nível cultural, acadêmico e econômico do que nós mesmos, nos dará uma visão desconectada do universo diário na empresa em que trabalhamos.

Também ficou claro que Networking não é quantidade, não adianta o profissional ou empresário ter centenas de pessoas neste seleto grupo: importa ter poucas pessoas certas. Do mesmo modo, conta muito integrar associações profissionais ou técnicas relevantes, não adiantando achar que entrar para inúmeros grupos sociais sem critério seletivo é sinal de estar fazendo um bom Network.

Outro aspecto fundamental é ter à nossa volta pessoas que veem oportunidade onde a maioria vê problemas: ter um mentor, chefe, cliente, amigo ou outro que nos inspire com o seu senso de observação de coisas positivas é um fator motivador de melhoria para nós mesmos.

Seja sincero, seja amigo, entenda que um bom relacionamento de Networking é dar e receber, então colha informações, atente às dicas, ouça críticas, mas também lembre-se de dar a sua contribuição para todos que o inserem nos seus grupos. Isso, por certo, fará com que você seja um profissional mais completo, habilitando-o a administrar sua empresa de forma mais eficaz.

O BOM PROFISSIONAL SABE LIDAR COM CONFLITOS

Uma empresa é feita de pessoas, de seres humanos instáveis emocionalmente, que nem sempre reagem da mesma forma em face das mesmas situações. Cada ser humano foi educado de uma forma, cresceu em uma família com características próprias, aprendeu a valorizar coisas diferentes, professam religiões distintas, enfim, pensam e agem de forma muito particular. Por conseguinte, uma empresa é um ambiente propício para haver conflitos de toda natureza, e o líder deve estar ciente disso, deve estar preparado para administrar os conflitos que aparecerão, e não ficar desequilibrado achando que tais atritos não anormais. Estudos deixam claro que o líder consome cerca de 20% do seu tempo administrando conflitos de todo naipe. Muitos gestores consideram a Administração de Conflitos um dos pontos mais importantes de serem trabalhados nos líderes.

Segundo a autora Mary Parket Follet, uma norte-americana reconhecida por tratar brilhantemente de problemas atinentes aos relacionamentos humanos: "Não devemos temer o conflito, porém devemos reconhecer que existe um modo construtivo de proceder em tais momentos. Na diferença em se tratar o conflito pode estar o sinal do saudável, uma profecia do progresso". Este comentário deixa claro que o ambiente de conflito pode ser construtivo dependendo de como agimos.

Os conflitos podem ser encarados de forma negativa ou de forma positiva. O líder deve ter em mente que pessoas que pensam diferente conflitarão em algum momento, e este conflito quase sempre envolve enxergar a situação por um ângulo que até então não se percebia. Um grupo de pessoas que sejam muito parecidas, em que todos concordem com tudo, normalmente é um grupo fraco, eis que terão mais dificuldade de pensar fora da caixa. O importante é haver no setor, departamento ou empresa, pessoas diferentes mas que se completem. Pois "a força de um grupo está na neutralização dos pontos fracos de uma pessoa pelos pontos fortes da outra".

Normalmente os conflitos acontecem por três razões básicas:

1) Conflitos de interesses;
2) Conflitos de necessidades;
3) Conflitos de opiniões.

Estas situações ocorrem por algumas razões básicas. Ei-las:

■**Diferenças de personalidades:** neste caso o mais importante é o líder reconhecer psicologicamente que as diferenças são saudáveis, que as pessoas podem e devem pensar diferente, porém, o fundamental é o líder conhecer cada um, saber as peculiaridades de cada membro do time. Existem inúmeras técnicas que possibilitam isso: testes de personalidade e comportamento permitem saber se o subordinado é "dominante", "extrovertido", "paciente", "analítico", "comunicativo", "detalhista", "bom para trabalhar em grupo", enfim, saber os traços inerentes à pessoa para que na hora do conflito seja possível falar a língua de cada um, ajudando destarte a resolver problemas complexos.

■**Má divisão de responsabilidades:** este item é mais comum do que se imagina, pois em grande parte das empresas não se esclarece suficientemente quem é o responsável pelas tarefas, fazendo com que haja uma zona cinzenta em que mais de uma pessoa lida com a mesma situação, dando instruções díspares para um mesmo problema. Para corrigir, é importante estar com as funções documentadas, é fundamental, nos contatos com os subordinados, prestar atenção se existem tarefas que podem estar sendo comandadas por mais de um gerente, supervisor ou líder de unidade. É de suma importância que todos os líderes da empresa estejam cientes de que a companhia quer dar as responsabilidades certas para as pessoas agirem, e não deixar que a execução da mesma tarefa seja liderada por várias pessoas.

■**Equilíbrio de metas:** toda empresa precisa ter metas e objetivos claros para períodos precisos, e estas metas devem ser atribuídas por setor, por gerência, por unidade. É contudo muito importante que estas metas sejam alinhadas e compatíveis com cada líder ou gerência, pois estudos demonstram que um dos grandes pontos geradores de conflitos são metas divergentes entre setores, que por não estarem afinadas umas com as outras produzem confusões, dúvidas e incertezas. Ademais, é muito importante que o líder seja justo na distribuição dos objetivos da empresa.

■**Recursos compartilhados:** outro forte ponto de conflito são os recursos divididos, como espaço físico compartilhado, tempo de uso do carro da empresa, utilização de sala de reuniões e até mesmo compartilhamento de secretárias. Nem sempre a empresa é grande o suficiente para cada um ter seus recursos próprios, sendo muitas vezes necessário dividir algo, momento em que muitos problemas eclodem. O líder deve estar consciente de que precisará de habilidade para contornar as situações que despontam e ficar atento à correta distribuição destes recursos.

Como diretor e fundador da Alterdata Software, uma empresa de desenvolvimento de programas de computador com mais de 1.000 funcionários, percebo claramente que uma das maiores virtudes que preciso ter é saber lidar com situações adversas geradas pelas pessoas. Trabalho constantemente tentando minimizar os pontos acima para fazer os conflitos menos frequentes. Para isso, conduzo pesquisas de satisfação interna dos funcionários para entender possíveis conflitos entre pessoas, e, ainda, por meio da metodologia SOAR, busco compreender o perfil das pessoas. Visando conhecer as pessoas que trabalham na empresa, faço uso de uma quantidade de metas maior do que o usual a fim de ter mais detalhes e tudo ficar mais nítido. Desta forma, a diretoria participa ativamente de um processo de conhecimento dos setores, e ainda usamos o setor interno de auditoria para apurar se estamos com os setores com recursos compartilhados; enfim, estamos sempre analisando detalhes para evitar possíveis conflitos. Todavia, o que dá mais resultado é identificar os conflitos ainda na origem, bem no começo, logo que as primeiras centelhas faíscam, facilitando enormemente a solução. Conheço empresários que sabem de um conflito nascente mas se esquivam de dirimi-los, empurrando a solução para frente, e somente após a guerra declarada é que tentam solucionar, trazendo perdas enormes, tanto emocionais para as pessoas, como de produtividade e eficiência para a empresa.

Habitualmente os conflitos são percebidos de três formas:

1) Conflito latente: ocorre quando as partes percebem que seus objetivos estão conflitando com os de outras pessoas, o que poderá trazer complicações no futuro. Neste caso é importante que as partes se debrucem sobre o assunto o quanto antes, evitando assim que o conflito se instaure, de vez que não adianta ficar esperando as coisas melhorarem sem nada fazer. Seja enfatizado que conflito se resolve na origem, antes de lavrar um incêndio colossal.

2) Conflito velado: ocorre quando não é abertamente manifestado, mas fomenta internamente hostilidade, raiva, medo e descrédito entre as partes. Nesta situação o conflito já está trazendo consequências para a empresa, pois os dois lados já estão se relacionando mal – e o caso deve necessariamente ser levado a um superior de forma que este possa contribuir para solução. É muito importante não fingir que está tudo bem, mas chegar para a outra pessoa e dizer que está querendo Discutir a Relação, conversar a respeito. Mesmo que uma parte negue ter interesse em conversar, a outra deve insistir, arrazoando que ambos poderão sair prejudicados se não conversarem a respeito.

3) Conflito aberto: ocorre quando é expresso através de um comportamento ativo ou passivo contra a outra pessoa de forma explícita ou dissimulada. Esta é a pior situação e acontece porque se deixou chegar a este ponto, certamente porque não se teve coragem de resolver o problema no nascedouro. Neste caso o melhor caminho, além de envolver um superior, é que cada parte faça duas listas de problemas e soluções: colocando-se tudo por escrito, fica mais fácil de, num momento de atrito, chegar a um denominador. O que não se pode é não estar disposto a ceder em algo, visto que o consenso só é possível quando as partes se dispõem a mútuas concessões.

Para subir na carreira em uma empresa, ou até mesmo administrar melhor um possível conflito com um importante cliente é bom entender que Discussões e Competições diferem muito de Conflitos. A discussões e as competições são saudáveis, ajudam nas reflexões, e não devem ser eliminadas, vez que mantêm a empresa continuamente em alerta. Já os conflitos possuem outra conotação, sendo nocivos à empresa por criarem polarizações que dificultam bastante o sucesso, uma vez que criam tribos internas nada saudáveis ao ambiente que é hoje crescentemente colaborativo. O líder deve, pois, estimular o trabalho em grupo mas deixando claro que a alta produtividade de cada um é fator importante. O gerente, supervisor ou outro líder qualquer não deve criar apenas objetivos individuais, pois, caso o faça, estará alimentando demais o individualismo, inflando egos, o que fará com que os conflitos aflorem a todo momento. Mas também não deve apenas ter objetivos em grupo, posto que destarte estará estimulando pessoas de alta performance a carregar nas costas os outros de baixo desempenho. O sucesso está no meio-termo.

Outra prática excelente é dar metas e objetivos para cada setor cumprir em determinado tempo, que poderá ser trimestral, semestral ou anual. Porém devem, independente do tempo final do objetivo, reunir-se com o presidente da empresa e todos os líderes (gerentes e supervisores) para que cada um destes apresente para o grupo como está indo o cumprimento de suas respectivas metas. Psicologicamente, isso é muito importante, por permitir a todos compreender as dificuldades dos colegas para cumprir objetivos, avaliando melhor como um setor depende do outro para dar certo, como funcionam os demais setores da empresa, edificando-se um senso de equipe fora de série, ao mesmo tempo que inibe consideravelmente os conflitos dentro da empresa.

Um importante elemento a ser trabalhado pelo líder no que tange aos conflitos diz respeito ao processo de comunicação. Com efeito, grande parte dos conflitos dentro das organizações está ligado à comunicação entre as pessoas, o que ocorre quando um colaborador fala uma coisa que é interpretada de modo completamente diferente por outro. E para minimizar este tipo de situação é importante que o gestor elimine possíveis ruídos, como o uso excessivo de email. As pessoas em geral não gostam de ler, razão por que não aprendem a escrever bem. Sendo assim, não conseguem colocar em forma escrita exatamente o que estão pensando, gerando problemas de interpretação para quem lê, que por sua vez, por falta de habilidade linguística, mostra dificuldade na compreensão de textos. Outro elemento é que raramente o texto consegue expressar as emoções das pessoas, quando se sabe que os sentimentos ajudam muito na compreensão de fatos. O importante para um líder, quando percebe um conflito, é conversar separada e pessoalmente com cada parte para entender o ponto de vista de cada um, e depois conversar com ambos simultaneamente, desempenhando papel conciliador, deixando as partes expressarem os seus pensamentos com tranquilidade. É fundamental ser forte, se necessário, visto que não raro as pessoas que falam mais alto inibem os mais contidos, dificultando o consenso.

Uma das boas técnicas para ter certeza se alguém está entendendo o que está sendo falado é perguntar à pessoa, deixando que ela diga o que compreendeu dos seus argumentos. Porém, quando o conflito se dá entre o subordinado e o líder, este último tem a insegurança de ser vencido no debate, e desta forma tenta impor sua opinião em função da posição que possui. Desconsidera o fato de que o tempo da escravidão acabou, as pessoas têm cérebro, pensam, têm opiniões, e nem todos os líderes se dão conta disso. Uma empresa que quer crescer, que quer estar viva nas décadas seguintes, precisa ter um ambiente em que todos pensem, todos deem suas opiniões, e desta forma divergirão em vários momentos. Cabe ao líder ser muito hábil em convencer os subordinados, não se deixando ser por eles enganado – isso mesmo, enganado – no sentido de que, se o ambiente é pesado e tenso, a tendência é os subordinados dizerem ao gestor que concordam, afirmando ao mesmo que entenderam, quando, na verdade, nem concordam nem compreendem o que precisam fazer, por que precisam, e em quanto tempo.

O poder do líder não vem do cargo hierárquico, deriva de um conjunto de relações que possui com sua equipe, como: respeito, afeto, exemplo, trabalho, missão, comprometimento, empatia, envolvimento e admiração. O líder que possui estes elementos conseguirá administrar os conflitos com muito mais facilidade, visto que possui credibilidade.

O líder que sabe administrar conflitos consegue demonstrar para ambas as partes que uma negociação é um processo tendente ao ganha-ganha: não se festeja porque alguém prevaleceu sobre o outro, mas sim porque ambos cederam um pouco para se chegar a um acordo favorável a ambos. E depois de se ter o conflito resolvido, o importante é refletir se há uma maneira, na organização da empresa, de evitar que este tipo de conflito volte a acontecer. É parte do papel de um bom líder não ficar apagando incêndios, mas sim criar mecanismos para que coisas nocivas não se repitam.

Desta forma, para resumir, existem alguns itens a serem seguidos para a resolução de conflitos:

- Criar um clima empresarial afetivo;
- Deixar claras as perspectivas dentro da companhia;
- Manter o foco em necessidades individuais e compartilhadas;
- Direcionar o poder para não vir apenas da hierarquia;
- Construir o futuro com exemplos do passado;
- Gerar opções de ganha-ganha;
- Desenvolver a solução passo a passo;
- Estabelecer acordos de benefícios mútuos.

Jamais se esqueça de que o bom administrador de conflitos é sempre um excelente ouvinte. Então contenha-se quando a outra parte verbalizar coisas que você não gostaria de ouvir. Simplesmente escute, sem se defender, em respeito à outra pessoa. Sim, escute, processe a informação, pense, analise e formule os seus argumentos com precisão e objetividade, jamais faltando com o devido respeito.

Agora vamos para a prática: peça para seus líderes lhe enviarem um e-mail com todas as atribuições que julgam caber a eles. Com o resultado em mãos, analise se existem pontos conflitantes, pois é possível que mais de uma pessoa esteja atuando na mesma tarefa, sendo responsável pela mesma coisa. Depois de ajustar este ponto, peça para que os líderes lhe enviem por e-mail uma relação das metas e objetivos de cada um. Mais uma vez, analise se existe mais de um líder lutando por algo semelhante. Descubra quais metas e objetivos são complementares e faça os ajustes necessários para evitar conflitos. Depois disso, implante uma reunião bimestral na qual cada líder apresentará ao grupo seus objetivos e metas, bem como o andamento de cada atividade que está sendo executada com o objetivo de atingi-los.

■ ■ ■ ■

Por fim, pare e pense: pequenas ações podem transformar sua empresa e sua carreira.

O BOM LÍDER FOCA EM QUATRO COISAS

Não falta literatura sobre as habilidades que o líder deve ter para conseguir comandar solidamente uma equipe, porém nada melhor do que ter acesso ao resultado de uma pesquisa de cinco anos com 90 líderes top de linha para entender o que realmente eles possuem de diferente para fazer a magia acontecer.

Entender como pessoas de sucesso se comportam, como agem, como influenciam, como se movimentam pode ajudar a compreender porque logramos êxito ou não, permitindo que façamos os necessários ajustes em nossa carreira.

Como fundador de uma empresa de software que em julho de 2013 contava com aproximadamente 1.000 funcionários, interesso-me muito pelo assunto liderança, vez que isso é importante não apenas para mim, como um dos principais executivos da Alterdata Software, mas, de igual forma, para todos os demais líderes da companhia, sejam estes diretores, gerentes, supervisores, consultores, analistas de negócio, enfim, todos que comandam pessoas.

Recentemente, revendo matérias a respeito de liderança encontrei um estudo feito por Warren Bennis mostrando o resultado de uma pesquisa de cinco anos com 90 líderes dos setores público e privado nos EUA. Objetivo: elencar os pontos convergentes entre estes profissionais de sucesso. No começo, diz Bennis, saltavam aos olhos mais diferenças do que semelhanças. Havia pessoas no grupo que usavam mais um ou outro lado do cérebro, gente que se vestia para impressionar, ou não fazia isso, líderes falantes ou lacônicos; e outros completamente ao avesso. A propósito, o grupo tinha, inclusive, poucos líderes carismáticos. Mas o pesquisador acabou encontrando várias capacidades comuns à maioria dos líderes ou a todos eles, sendo quatro as realmente essenciais: capacidade de atrair a atenção; de dar significado às coisas; de inspirar confiança; e de ter autocontrole. Conseguiu também identificar que os bons líderes transferem poderes, responsabilidade e autonomia a seus subordinados, aumentando a motivação sem precisar instituir um sistema de prêmios e castigos.

A pesquisa também conclui que os subordinados destes líderes esperam deles: Direção, Visão, Integridade (alguém em que possam confiar) e Otimismo.

A intenção deste estudo era encontrar lideres verdadeiros e não bons administradores. Líderes mexem com a cultura de uma empresa, são arquitetos sociais de suas organizações, criam e mantêm valores sólidos. Líderes fazem as coisas certas, enquanto administradores fazem as coisas corretamente. Ambas são funções cruciais e diferem profundamente. Um dos grandes problemas das organizações é que são lideradas de menos e gerenciadas de mais. O sistema educacional tem nisso parte da culpa, pois ensina os novos profissionais a serem bons técnicos, mas não os ensina a serem líderes excelentes. Dentro da Alterdata, empresa que dirijo, existem gerentes que são excelentes administradores, mas que nem sempre inspiram seus subordinados, dificultando que novas lideranças emerjam. Por outro lado, também existem gerentes que todos admiram, querem seguir, desejam ser iguais, eis que são modelos para suas equipes, tornando a respectiva liderança mais eficaz.

Depois de vários anos de observação e entrevistas, o pesquisador conseguiu chegar a quatro elementos fundamentais:

1. CAPACIDADE DE ATRAIR A ATENÇÃO

Entre as características mais evidentes dos líderes que fizeram parte desta amostra encontra-se a habilidade de persuadir pessoas, por terem eles uma visão, um sonho, um conjunto de intenções, um significado. Sua extraordinária energia de concentração em um compromisso atrai as pessoas. Possuem algo que faz as pessoas desejarem unir-se a eles, porque compartilham sua visão. Os líderes gerenciam a atenção por meio de uma visão persuasiva que leva as pessoas a almejarem vivenciar uma determinada situação.

É importante que se compreenda que a mencionada visão não tem relação com algo místico ou religioso, mas completamente voltado para um resultado, um objetivo ou uma direção.

Nos meus quase 30 anos de experiência desenvolvendo softwares para líderes, percebo que esta capacidade de mover o coração das pessoas precisa ser algo suave, natural e transparente. A liderança verdadeira é admirada e não imposta. O líder admirado está junto com a sua equipe nos momentos mais difíceis e sempre faz questão de demonstrar a todos como pensa. O líder precisa demonstrar o caminho para sua equipe, não pode se esconder atrás das decisões, e deve deixar claro porque decide de certo modo ou toma determinado rumo.

Uma das sugestões para potencializar esta capacidade é o líder fazer trimestralmente reuniões abertas de resultados na empresa, nas quais o próprio líder apresenta os principais indicadores da organização, deixando claro o que está indo bem e o que está indo mal, apontando setores e pessoas que precisam melhorar para que tudo se torne mais harmônico, permitindo, destarte, que todos compartilhem sua visão.

O líder de verdade não atrai a atenção por ser um marqueteiro, mas por ser admirado por sua força de trabalho, visão e propósito nas suas ações. O líder propagandista em excesso tem, por conseguinte, vida curta.

2. CAPACIDADE DE DAR SIGNIFICADO ÀS COISAS

A meta do líder não é meramente explicar ou esclarecer algo, mas sim, criar um significado. Quanto mais extensa e complexa a organização, mais crucial é essa habilidade. Líderes eficazes podem transmitir ideias através de vários níveis da empresa e a grandes distâncias, e até mesmo vencer o "ruído" de grupos de interesse e opositores.

Para tornar os sonhos visíveis e levar as pessoas a aderirem a eles, o líder deve transmitir sua visão, o que melhor se consegue quando se utilizam metáforas, uma palavra ou um modelo para tornar visível e tangível o que ainda é um sonho. Líderes transformam fatos, conceitos e relatos em significado.

A capacidade de gerenciar a atenção e o significado é parte da constituição do líder. Não é suficiente usar frases de efeito e técnicas perspicazes, ou ainda contratar um relações públicas para redigir discursos: o líder verdadeiro faz tudo isso com o coração, acreditando, arrastando um exército no mesmo propósito, e não apenas por falar e não fazer.

Dentro da Alterdata costumo dizer para minha equipe que não somos uma empresa de construção de software, somos uma companhia que torna as empresas dos clientes mais lucrativas e mais eficientes, de tal sorte que as mesmas tenham mais longevidade. Se conseguirmos fazer os nossos clientes quebrarem menos, irem mais longe, estaremos fazendo o Brasil crescer, contribuindo para o nosso país competir com os melhores do mundo.

Um hospital não está ganhando dinheiro com a medicina, está salvando vidas.

Uma construtora não está fazendo pontes e estradas, está contribuindo para o país crescer, gerar mais empregos, sermos melhores como nação.

Todas as empresas possuem uma significação: o importante é o líder ter a capacidade de deixar claro para todos a razão dos sonhos.

3. CAPACIDADE DE INSPIRAR CONFIANÇA

A confiança é essencial para todas as organizações e tem como determinante principal o que se denomina "constância". Quando foram entrevistados os subordinados dos líderes da aludida pesquisa, ouviram-se algumas frases como estas: "Meu chefe é muito consistente!", ou, "Goste ou não, você sempre sabe de onde ele está vindo, para onde vai e que posições defende". O estudo demonstraria ainda que as pessoas estão mais propensas a seguir indivíduos nos quais elas confiam – mesmo discordando de seus pontos de vista –, do que seguir indivíduos com os quais concordam, mas que mudam de posição frequentemente.

O líder precisa ter posições sobre os rumos da companhia, precisa deixar claras estas posições para todos, bem como fazer o que fala, ou seja, ser coerente. O líder precisa ser uma pessoa que ouve, deixando que as pessoas opinem. Quando o líder inspira confiança, a equipe se sente à vontade para falar o que pensa, e aí, sim, passa a colaborar.

Uma dica importante para o líder é estar o tempo inteiro observando se as pessoas estão realmente falando o que pensam. É fundamental criar mecanismos que lhe permitam entender a forma de pensar de todos, como pesquisas de satisfação identificadas e não identificadas. Ademais, participar pessoalmente de reuniões possibilita perceber a forma de pensar e os valores de todos. O líder não pode confiar que falará e todos lhe seguirão – o processo é mais complexo do que isso –, mas tudo fica mais fácil quando há confiança.

O líder que quer enganar o cliente está passando à sua equipe uma mensagem que não é confiável. Similarmente, o líder que não se importa com parte da equipe deixa transparecer que pode também não se importar com o restante do time. E o líder que concorda em conquistar mercados mediante (ou, "valendo-se de") expedientes escusos evidencia não ser honesto no sentido mais amplo da palavra. Daí se depreende que confiança se passa nos detalhes e não nos grandes discursos.

4. CAPACIDADE DE TER AUTOCONTROLE

Gerenciar a si mesmo – competência crucial – é conhecer as próprias capacidades e empregá-las com eficácia. Os líderes de verdade conhecem a si mesmos e aprimoram seus pontos fortes, e isso é percebido por todos. Possuem extraordinária capacidade de assumir riscos com a aceitação de que podem falhar, não se achando melhores que os outros, da mesma forma que possuem serenidade para resolver questões complexas.

Alguns presidentes de empresa acreditam que uma das maiores habilidades do líder é cometer o maior número de erros o mais cedo possível e, então, tirá-los do caminho, banindo-os por completo.

Esta capacidade de autocontrole precisa ser notada pelo grupo, as pessoas precisam perceber que o líder está se aprimorando o tempo inteiro, que é a pessoa à qual podem recorrer para encontrar solução para um dado problema, de vez que, se este não souber o que dizer, mostrará isso sem subterfúgio, e se movimentará para resolver a questão, seja por adquirir a ciência da coisa, seja por convocar um especialista no assunto.

Uma dica pessoal que dou é que o líder seja muito observador de si e dos outros. É fundamental que o líder tenha uma lista das suas principais fraquezas por escrito, para que possa corrigi-las gradativamente. Para montar esta lista basta observar seus limitadores na tomada de decisão. Do mesmo modo, convivendo-se com pessoal de nível mais alto ter-se-á um referencial mais elevado a ser seguido. Não menos importante, ler literatura pertinente à gestão do negócio permitir-lhe-á discernir habilidades que ainda não possui.

Enfim, este artigo tem a intenção de projetar alguma luz sobre quatro elementos convergentes nos líderes de que trata esta pesquisa, focalizando as capacidades que precisam ser adquiridas ou potencializadas para que a magia de comandar pessoas tenha mais sucesso. Se você é um gerente ou pretende ser, se você é um empresário ou pretende ser, tenha a certeza de que seu comportamento na carreira será mais importante do que seu conhecimento técnico. O conhecimento técnico conta para levá-lo até determinado ponto. Daí por diante, o que o distinguirá dos demais profissionais com conhecimento idêntico será a sua habilidade em liderar. Exorto-o, pois, a ler mais sobre o assunto, mesmo porque este tipo de aprendizado é contínuo. Se tiver dificuldades de caminhar sozinho neste terreno, seria próprio contratar um coach.

Por mais competente que um profissional seja tecnicamente, ele só conseguirá ser um comandante eficaz se detiver capacidades como as acima delineadas, passíveis de serem adquiridas. Significa, portanto, que não necessariamente precisam ser insculpidas no DNA deste profissional.

O PODER DA CULTURA ORGANIZACIONAL

Uma pessoa jurídica tem personalidade tanto quanto uma pessoa física, possuindo um jeito de ser, uma maneira de comportar-se, uma forma de agir diante dos problemas, enfim, uma cultura totalmente própria, personalíssima. Quando a empresa é muito pequena, o fundador ou principal executivo consegue exercer influência sobre os poucos funcionários que trabalham juntos, tornando-se mais fácil haver uma cultura única implantada de forma homogênea.

Porém, o desafio acontece quando a empresa cresce, quando passa a ter mais pessoas trabalhando juntas, onde cada um tenta implantar a sua forma de ser em detrimento da cultura da companhia. Daí, quando a organização vai perdendo a identidade original, uma série de problemas começam a acontecer, chegando até aos clientes, prejudicando com isso o desempenho da organização.

Cultura Organizacional é a cultura no seu sentido antropológico, presente em uma companhia composta por comportamentos, valores éticos e morais, práticas habituais, símbolos utilizados, crenças, políticas internas, princípios; enfim, a cultura organizacional influencia as pessoas da organização para guiar seus comportamentos e mentalidades. Quanto mais a cultura seja percebida pelo mercado (clientes) mais haverá fidelização e identificação com a marca.

Esta cultura é dinâmica, modifica-se em função de várias circunstâncias, necessitando que todos estejam alinhados continuamente. Desta forma, não é algo que se implanta, é algo que precisa ser mantido continuamente. É muito importante que a empresa tenha um guardião da cultura, alguém que tenha a missão de manter a cultura viva o tempo inteiro. Normalmente este papel é do fundador ou principal executivo, mas quanto mais a empresa cresce, mais é importante que os líderes intermediários, como diretores, gerentes e supervisores, também cumpram o papel de difundir e manter a cultura vigente.

Como fundador da Alterdata Software, uma empresa de desenvolvimento de programas de computador fundada em 1989, e que em 2013 listava 30.000 clientes e mais de 1.000 colaboradores, percebo o quanto é relevante e complexo manter a cultura viva paralelamente ao crescimento acentuado. Muitas empresas deixaram de existir simplesmente porque foram perdendo o foco à medida que cresciam, o que constitui um grande risco. Na Alterdata sabemos desta armadilha e nos precavemos continuamente para garantir que a essência da empresa não seja perdida jamais, ministrando treinamentos diversos e fazendo com que os fundadores tenham contato regular com os demais líderes da empresa, de tal forma que sempre a cultura e os objetivos estejam sendo transmitidos a todos. O principal executivo, mesmo que seja o dono de uma empresa com cinco funcionários, precisa entender que parte da função dele é difundir e manter viva a cultura da organização, sendo esta uma das coisas mais difíceis de serem delegadas.

Toda empresa possui uma Cultura Organizacional, esteja esta formalmente implantada ou não, e conhecê-la em detalhes fará com que se consiga subir na carreira mais facilmente, de vez que se estará mais alinhado com os valores da organização, independente do fato de você gostar ou não, concordar ou não, aceitar ou não. Um antigo provérbio diz: "O bom é saber que sabe. Melhor ainda é saber que não sabe. Providencial é saber sem se dar conta. Mas o pior é não saber que não sabe".

Se você trabalha numa empresa que não tem esta cultura implantada formalmente, deveria procurar convencer os superiores a criar o conteúdo necessário para garantir que todos conheçam a cultura em que estão inseridos, ensejando que seja plenamente instituída a formalização da cultura, algo indubitavelmente de extrema importância, criando assim uma oportunidade de mostrar o quanto você pode agregar ao negócio.

Para melhor compreender, pesquisei em inúmeros autores quais são as vertentes de que uma empresa dispõe para formar a sua cultura, tentando entender que elementos podem contribuir para que a cultura seja formada. Tal me levaria a Edgar Schein, um dos maiores responsáveis pela divulgação e desenvolvimento do conceito. Acredita ele que o fenômeno complexo da cultura organizacional é formado por três níveis de conhecimento:

1. Artefatos: constituem o primeiro nível da cultura, o mais superficial, visível e perceptível. São as coisas que cada um vê, ouve e sente quando se depara com uma organização cuja cultura não lhe é familiar. Artefatos são todas aquelas coisas que, em conjunto, definem uma cultura, e revelam, reciprocamente, como a cultura dá atenção a elas. Incluem produtos, serviços e os padrões de comportamento dos membros de uma organização. Quando se percorrem os escritórios de uma organização, pode-se notar como as pessoas se vestem, como falam, sobre o que conversam, como se comportam, quais as coisas que são importantes e relevantes para elas. Os artefatos são todas as coisas ou eventos que podem nos indicar visual ou auditivamente como é a cultura da organização. Os símbolos, as histórias, os heróis, os lemas, as cerimônias anuais são também exemplos de artefatos.

2. Valores compartilhados: constituem o segundo nível da cultura. São os valores relevantes que se tornam importantes para as pessoas e que definem as razões pelas quais elas fazem o que fazem. Funcionam como justificativas aceitas por todos os membros. Em muitas culturas organizacionais, os valores são criados originalmente pelos fundadores da organização. Na DuPont, muitos dos procedimentos e produtos são resultantes dos valores atribuídos à segurança. É que a organização foi criada por um fabricante de pólvora para armas, e não surpreende que tenha procurado fazer esse trabalho com total segurança, orientando nesta linha novos membros que ingressavam no negócio. Os valores de segurança são traços fortes da cultura da DuPont desde os tempos em que a pólvora era o fulcro de seus negócios.

3. Pressuposições básicas: constituem o terceiro nível da cultura organizacional, o mais íntimo, profundo e oculto. São as crenças inconscientes, percepções, sentimentos e pressuposições dominantes em que os membros da organização acreditam. A cultura prescreve "a maneira certa de fazer as coisas" adotada na organização, muitas vezes através de pressuposições não escritas nem sequer faladas. Muitas empresas de cosméticos assumem previamente que toda estratégia de marketing deve focalizar a propaganda – e promoções sobre seus produtos visam, afinal, aumentar a beleza das mulheres.

Buscando mais informações de outros autores, consegui reunir alguns elementos que passo a descrever como relevantes para o processo de formar a cultura e sugiro que, ao ler, reflita gradativamente quais elementos são pertinentes à empresa em que trabalha:

■ **FOCO NO CLIENTE**

Empresa que se preocupa bastante com o resultado apresentado ao cliente, não apenas mediante o que fala nos folders promocionais, mas sobretudo através do que acredita. Existem empresas que falam que o cliente é importante, mas quando um cliente insatisfeito liga querendo falar com o dono, este diz para os funcionários darem o recado de que ele não está, passando assim uma mensagem que o cliente não é importante; enquanto existem outros que assumem sempre a dianteira para atender melhor.

■ PREOCUPAÇÃO COM A EQUIPE

Existem empresas que possuem grande preocupação com as pessoas que nela trabalham, que querem e lutam por um ambiente saudável e prazeroso de se trabalhar, que querem ser justas o tempo inteiro, que não aceitam funcionários que prejudiquem o ambiente coletivo; outras existem que humilham os funcionários, procuram se beneficiar não pagando determinados adicionais ao salário, além de não valorizarem as boas ideias vindas da equipe.

■CRIATIVOS

Algumas empresas não hesitam em mudar, em permitir que a equipe inove, crie e modifique o que está implantado, considerando o que é evidente: o crescimento de uma empresa depende da velocidade da mudança. Na outra ponta, existem aquelas que são resistentes às mudanças, presas que estão ao passado, concentrando-se mais em manter o status quo do que em crescer.

■ ASSUMIR RISCOS

Algumas empresas assumem riscos calculados com mais facilidade, possuem mecanismos seguros para navegar em novas áreas, em diferentes territórios, tecnologias ainda não dominadas completamente, assumindo o erro potencial. Outras, no entanto, sempre querem erro zero e desta forma só andam por terrenos conhecidos, confortáveis, em que dominam completamente o ambiente.

■ ATENÇÃO AOS DETALHES

Existem empresas que são detalhistas, não aceitam que um funcionário apresente um trabalho muito rasteiro, não se conformam com projetos superficiais, querem controlar os detalhes de tudo o que acontece na empresa, sentem-se mais seguras com os detalhes monitorados. Já outras companhias são mais generalistas: acham que o controle pormenorizado faz a velocidade cair, acreditando, portanto, que os funcionários devem trabalhar mais à vontade.

■ ORIENTADA PARA EQUIPES

Existem empresas que valorizam muito mais as equipes do que os indivíduos, que não hesitam em afastar da organização um profissional excelente como técnico mas que prejudica o trabalho do grupo por considerarem que o todo é mais importante que a parte. Neste contexto, a humildade de cada um é melhor do que a soberba. No outro extremo encontram-se corporações que valorizam a qualidade individual do profissional, promovendo competições internas entre as pessoas, acreditando que a rivalidade individual ajuda a empresa.

■ COMPETITIVAS

Existem empresas que são agressivas no negócio, que "partem para cima" do mercado, do concorrente e do cliente de forma dinâmica e ágil. Já outras são mais dóceis e acomodadas, acreditando que a suavidade faz as coisas acontecerem sem estresse.

Isto posto, é importante identificar na lista acima como é a cultura da sua empresa, ajustando-a, se necessário, contribuindo para mantê-la, ajudando, inclusive, a orientar novos funcionários a aceitarem-na como divisa.

É por essa razão que várias empresas são conhecidas por algumas de suas peculiaridades. Os administradores da Procter & Gamble fazem memorandos que não ultrapassam uma página. Todas as reuniões da Du Pont começam com um comentário obrigatório sobre segurança. O pessoal da Toyota é vidrado em perfeição. A 3M tem dois valores fundamentais: um deles é a regra dos 25%, que exige que um quarto de suas vendas venham de produtos introduzidos nos últimos cinco anos; outro é a regra dos 15% que leva todo funcionário a despender 15% da sua semana de trabalho para fazer qualquer coisa que prefira, desde que relacionada com algum produto da companhia. A IBM leva ao máximo a sua preocupação com o profundo respeito aos funcionários como pessoas. Por essa razão, se diz que há uma cultura de segurança na Du Pont, uma cultura de serviços na Dell Computer, uma cultura de pessoas na IBM, uma cultura de inovação na 3M, uma cultura de qualidade na Toyota, pois as pessoas de cada uma dessas organizações aprenderam ali uma maneira particular de lidar com uma variedade de assuntos relacionados à vida na organização.

Sendo assim, está correta a tese de Chiavenato na qual ele diz que a Cultura Organizacional é um iceberg, cuja parte visível é relativamente pequena, ao mesmo tempo em que a parte submersa representa a quase totalidade do iceberg. O mesmo acontece no contexto de uma organização: a parte visível, pequena, é sustentada pela parte "invisível", que representa os fenômenos internos da empresa.

Isso quer dizer que é muito importante a cultura ser trabalhada no dia a dia, nas pequenas ações, nas mensagens muitas vezes subliminares que o líder está passando, eis que a cultura é transmitida muito mais pelas ações das pessoas do que nos treinamentos formais. Importantes como sejam, os treinamentos constituem a pequena parte visível do iceberg, enquanto as ações diárias contribuirão para a parte gigantesca e submersa daquele. Não obstante, o que os autores invariavelmente não discutem são os resultados de uma empresa que está com todos alinhados em sua cultura, como:

- Vantagem competitiva derivada de inovação e serviço ao cliente;
- Maior desempenho dos funcionários;
- Coesão da equipe;
- Alto nível de envolvimento na busca da realização de objetivos.

Finalmente, é importante salientar que a formação da cultura se faz não apenas de maneira formal, mas também informalmente. Quando a empresa ministra treinamentos, faz conferência, corrige condutas, está criando cultura de maneira formal. Mas quando grupos de funcionários, jogando futebol no final de semana, criam conceitos e crenças erradas, estão construindo uma cultura alheia aos padrões da organização; quando um funcionário negativo e influenciador permanece na empresa poluindo a mente dos colegas, está prejudicando a formação da cultura correta. Enfim, tem que ser papel da empresa não apenas gerar o conhecimento que quer, mas exercer vigilância preventiva com relação ao que não quer que aconteça.

Se você é o principal líder da empresa, ou mesmo gerente de um departamento, tenha certeza de que as pessoas não aceitarão facilmente o que você pretende: você terá de demonstrar por suas atitudes e ações que é uma pessoa coerente, vale dizer, é preciso que haja harmonia entre o que fala e o que faz. Com efeito, você terá mais poder de passar a cultura da organização se tiver credibilidade perante o grupo. Então, comece prestando atenção ao seu próprio comportamento.

Como atividade, faça uma lista das coisas que julga serem os valores culturais da sua empresa, mas não comente com ninguém. Peça aos membros da organização ou setor que você lidera para lerem este artigo e também fazerem as suas listas pessoais. Depois disso, marque uma reunião para escutar e confrontar as listas de todos. Com isso você terá oportunidade de começar a alinhar a todos numa filosofia central, começando assim o trabalho de padronizar a Cultura Organizacional da sua empresa.

O CONTABILISTA COMO APOIO À GESTÃO

O Brasil está mudando, as empresas estão mudando, o relacionamento dos contribuintes com o fisco está mudando, e está na hora de o empresário observar o quanto pode se apoiar num profissional que sempre esteve por perto, sendo, no entanto, pouco utilizado no processo de gestão nas pequenas e médias empresas – o contador.

A contabilidade começou com os fenícios para registro do comércio. A atividade de vendas e troca de bens no comércio requeria o acompanhamento de variações patrimoniais quando cada transação era realizada. As trocas de bens e serviços eram seguidas de registros e relatórios sobre o fato. Um escriba egípcio contabilizou os negócios efetuados pelo governo de seu país no ano 2.000 a.C. As escritas governamentais da República Romana (200 a.C.) já registravam receitas de caixa classificadas em rendas e lucros, e as despesas compreendidas nos itens salários, perdas e investimentos. A partida dobrada que hoje é utilizada na contabilidade começou em 1494 da Era Cristã. Como se pode ver, as empresas e governos sempre tiveram a contabilidade como apoio à gestão e registros.

Uma empresa funciona não apenas com os procedimentos que ela criou, mas com todo o ecossistema que gira à sua volta. Se o ambiente muda, é importante que a empresa também mude para continuar viva. Segundo Yves Doz, um dos grandes gurus de gestão empresarial, "a maioria das empresas morre, não porque faz coisas erradas, mas porque faz as coisas certas por um longo período de tempo". Esta afirmação faz todo sentido quando o cenário está em mudança, marca registrada dos tempos que estamos vivendo. Muitos empresários acham que o fato de estarem vivos há muito tempo é uma fórmula de sucesso que não pode ser mudada, mas isso não é verdade no mundo dos negócios, principalmente no momento em que o Brasil se encontra, em que as regras do jogo estão sendo modificadas, em que o empresário precisa de mais e mais informações sobre sua empresa para tomar melhores decisões.

Nas pequenas e médias empresas, o profissional da contabilidade sempre teve um papel bem diferente do que tem nas empresas de grande porte. Nas grandes corporações, a contabilidade é uma grande bússola que dá a direção da companhia, registra o que está acontecendo e apoia o planejamento das próximas ações. Nestas empresas maiores, os balanços, balancetes, demonstrações de resultados e inúmeros indicadores de performance são criados e monitorados pelos profissionais da contabilidade. Porém, nas pequenas e médias empresas o contabilista sempre teve um papel muito mais ligado a cumprir exigências do fisco do que apoiar as decisões da companhia.

Como diretor e fundador da Alterdata Software, uma empresa que atende aproximadamente 30.000 clientes distribuídos por suas 75 bases no Brasil inteiro, percebo uma mudança importante que vem acontecendo na relação entre os contabilistas e seus respectivos clientes. Com efeito, os empresários estão começando a entender o quanto o seu contador pode fazer pela empresa no que tange a apoiar melhores decisões.

A Alterdata é a maior empresa de software no segmento contábil do Brasil, segundo o ranking da revista InfoExame, mas também é uma das maiores do país em software de gestão empresarial do comércio, indústrias e prestadores de serviço, o que propicia duas visões bastantes distintas: uma do lado dos escritórios de contabilidade, que lutam para atender a todas as exigências legais, e outra das empresas que precisam tomar melhores decisões. As empresas carecem de informações e elas se acham logo ali, disponíveis com o profissional que mais entende dos números da empresa, a saber, o contador. Desta forma, o que falta é uma maior interação entre estas duas partes. Segundo Jack Welch, o lendário presidente da GE (General Electric): "Quando o ritmo de mudança dentro da empresa for ultrapassado pelo ritmo da mudança fora dela, o fim está próximo". Isso quer dizer que é necessário ajustar as empresas a esta nova realidade, e para que isso aconteça é importante mensurar detalhes, saber o que está acontecendo dentro de cada setor da companhia; é importante "torturar" os números da empresa, visto que somente assim se conseguirá tomar melhores decisões. Segundo Peter Drucker, um dos maiores autores de estratégia do mundo: "Se você não pode medir, você não pode gerenciar".

No momento, acredito ser importante um reposicionamento das duas partes para que o contabilista forneça mais informações sobre o negócio para o empresário tomar melhores decisões, o que já vem acontecendo auspiciosamente em muitas relações de negócio:

■ O CONTADOR

O contabilista precisa compreender que o mercado está em mudança, e esta alteração é um momento espetacular para a classe contábil, pois com o advento do SPED (Nota Fiscal Eletrônica, Cupom Fiscal etc.) e o eSocial (Trabalhista) as informações geradas pelas empresas serão muito mais fidedignas do que foram no passado. Isso quer dizer que o contador tem condições de compreender mais precisamente o que está acontecendo com cada um dos seus clientes, mesmo que sejam empresas muito pequenas, tornando possível gerar informações para tomada de decisão, mudança estratégica, planejamentos tributários, influência na formação de preço e lucro da operação. Normalmente o empresário, e cliente do contador, está focado no segmento dele, o que está absolutamente correto, afinal ele precisa entender dos produtos e serviços que executa, porém tem forte necessidade de alguém para contribuir na gestão do negócio, dizendo se está indo bem ou mal, está dando lucro ou não, se está com riscos da operação controlados. Torna-se portanto evidente que o empresário tem tudo para se apoiar cada dia mais no profissional contábil que tanto conhece a empresa dele. Para que tal aconteça, no entanto, o contabilista precisa se reposicionar, precisa estar consciente que ele tem que ser muito mais consultor, gestor, analista de negócio, do que um profissional meramente destinado a atender o fisco. O contador precisa focar sua atenção no cliente e não apenas no fisco, precisa frequentar congressos de gestão empresarial, ler mais livros e artigos para nutrir-se de informação que lhe permita subsidiar seus clientes de forma expressiva, facilitando-lhes assim a tomada de decisão. Tenho tido contato com muitos contadores que já se reposicionaram, que possuem invejável bagagem de gestão, que podem contribuir de forma significativa para o crescimento dos seus respectivos clientes, contudo, nem todos os empresários perceberam que podem, e devem, contratar este contabilista para fazer outros serviços até hoje não compreendidos, não se sabe por quê, como sendo da alçada deste profissional.

■ O EMPRESÁRIO

As empresas estão se organizando com muito mais profundidade do que no passado, pois o volume de exigências legais está forçando não apenas a queda abrupta da informalidade, mas, essencialmente, fazendo que o empresário perceba que a empresa de sucesso no futuro será aquela que atender com mais velocidade às necessidades dos clientes – e para que isso aconteça é de suma importância que saiba o que está acontecendo na companhia, que margem está tendo, que linha de produtos é mais eficiente, que regime de tributação é mais adequada para o negócio, que limite de endividamento é ideal para a empresa, que recursos oriundos de financiamento público ou privado podem contribuir em certos projetos de expansão. Enfim, o empresário está diante de um cenário mais complexo, porém de maiores oportunidades. E para conseguir aproveitá-las, certamente precisará que de alguém que o ajude num território que ele não domina; precisará que o seu contador seja o grande suporte na tomada de decisões; necessitará que o contabilista esteja presente em diferentes momentos de decisão muito mais do que no passado, o que é excelente para o empresário e para o profissional contábil.

    Em meus quase 30 anos de experiência na construção de software contábil e de gestão nunca vi a presença de tantos profissionais contábeis em reuniões decisórias como estou vendo atualmente. Antigamente as minhas reuniões eram separadas, os contadores queriam coisas específicas para o seu trabalho, tinham uma necessidade que era muito particular da sua profissão. Já os empresários queriam reuniões comigo para discutir estratégia, debater os passos para o futuro, levar necessidades de informações nos sistemas para a tomada de decisão. O Empresário e o Contador pareciam estar em mundos diferentes. Agora, no entanto, o quadro é outro. A Alterdata inclusive tem recebido demandas de alguns escritórios de contabilidade para que faça palestras de negócios para seus clientes, algo inédito e de muita visão de alguns profissionais contábeis, considerando que hoje estes dois mundos se fundem para fazer a empresa melhor, mais lucrativa, mais eficiente e não apenas atender determinações legais. Atualmente, em muitas reuniões sobre necessidades da empresa, o contador está presente dando ideias, discutindo conteúdos puramente estratégicos e não apenas tributários e fiscais. Em suma, as empresas que ainda não perceberam o valor de ter um contador por perto estão perdendo competitividade para seus concorrentes.

    Sendo assim, acho muito importante que os empresários valorizem muito mais a presença do seu contador nas reuniões de negócio. Reciprocamente, é de suma importância que os contadores valorizem muito mais estar junto com os clientes, e não apenas dentro de seus escritórios. Acho que a relação entre o Contador e seu Cliente precisa ser enfaticamente com a ênfase necessária para que ambos possam contribuir de forma mais expressiva para a melhoria da empresa. Creio que a softhouse, como responsável pela criação dos sistemas de gestão de ambos, pode ajudar neste sentido, dado seu papel de importante elo no trânsito de informações, e para isso a Alterdata vem trabalhando pesado em uma série de ferramentas que estarão disponíveis em pouco tempo, visando a maior integração destes dois mundos. Entretanto, a tecnologia não fará tudo, eis que a essência, neste momento, é a mudança de cultura tanto do empresariado como dos contabilistas.

Apesar da oportunidade para ambos os lados, tenho discutido com grupos de contadores e empresários sobre o assunto abordado neste artigo, e tenho sugerido algo que merece comentário neste momento, tendo presente que contadores e empresários não raro são profissionais muito distintos. Os contadores são técnicos muito matemáticos, e os empresários, nem sempre. Desta forma, percebi que, todas as vezes que o contador envia informações para o empresário no formato que é tradicional na contabilidade, o administrador da empresa não entende e não se interessa. Pois enviar relatórios com Índice de Liquidez Corrente, Liquidez Seca e outros, não quer dizer muita coisa se não forem traduzidos para o senso comum. Enquanto jargão contábil, assemelham-se mais a uma planície desértica. Logo, é importante falar a língua de quem é o protagonista do negócio – o empresário. Por isso mesmo, sugiro que os contadores ajustem os seus relatórios para não serem apenas números soltos, áridos, mas que venham acompanhados de comentários, comparações com outras empresas, exemplos e dicas do que fazer para melhorar, salientando o impacto de um indicador no outro, deixando claro que a análise em conjunto dos indicadores é o que fará a grande diferença para se compreender corretamente o que acontece no negócio.

O CRC (Conselho Regional de Contabilidade) declarou 2013 o ano da contabilidade, e acho que estão absolutamente corretos, pois é o grande momento da profissão. Estas mudanças farão alguns desistirem, já que será necessário estudar mais; outros ficarão onde estão, e poderão desaparecer, mas certamente a grande maioria se reposicionará, não desistirá de avançar, e com isso colherá excelentes frutos. Segundo Norman Vincent Piale, notável escritor norteamericano: "O covarde nunca tenta, o fracassado nunca termina e o vencedor nunca desiste".

O momento é ímpar para a classe contábil e fundamental para o empresariado. Eis aí um casamento que tem tudo para ser mais e mais duradouro. Sugiro, portanto, que confie no seu contador: ele pode ajudar a transformar o seu negócio.

O LÍDER PROATIVO OU REATIVO

Muito se ouve os líderes dizerem que as pessoas precisam ser Proativas, mas para muitos pode ser difícil compreender o que isso significa, que na verdade é complexo, tanto mais porque a interpretação é altamente subjetiva, dependendo de cada líder.

Desta forma, consegui reunir um conjunto de situações para melhor definir o que vem a ser um Líder Proativo, de forma a tornar possível alinhar conhecimentos para facilitar o crescimento na carreira, permitindo a empresários e empreendedores identificar os subordinados Proativos e por isso merecedores de maior investimento em treinamento e capacitação.

Pense consigo mesmo, com a sinceridade que lhe jaz no íntimo: é você Proativo ou Reativo? Deseja continuar a ser como é, ou inserir-se em um processo de melhoria contínua? Considere três vertentes acerca de si mesmo: O que está bom em você que deve continuar; O que está ruim e deve mudar; O que não existe e deve adquirir.

Caso opte pelo processo de melhoria, o primeiro passo é se conhecer, é saber quem você é, e ter a certeza que você pode ser diferente do que tenta mostrar para os outros, e provavelmente mais diferente ainda da forma como os outros o percebem. Então comece a se conhecer para conseguir saber o que precisa melhorar como profissional, pois as empresas cobram iniciativa e proatividade, mas nem sempre é fácil dar substância a isso:

■ ■ ■ ■

Pessoas reativas são aquelas que pensam e atuam dentro de padrões de causa e efeito.

Pessoas proativas influenciam o meio, garantem harmonia, direcionam boas energias, iluminam tudo e todos a seu redor. Nunca se sentem vítimas das circunstâncias. Escolhem com sabedoria as coisas que podem influir para uma mudança significativa que atenda a muitos.

■ ■ ■ ■

Quando um reativo comete um erro, diz: "A culpa não foi minha" – e responsabiliza outros.

Quando um proativo comete um erro, diz: "Enganei-me" – e aprende a lição.

■ ■ ■ ■

Um reativo sente-se vítima em face da adversidade.

Um proativo sabe que a adversidade é o melhor dos mestres.

■ ■ ■ ■

Um reativo acha-se perseguido pelo azar.

Um proativo sabe que o resultado das coisas depende de si.

■ ■ ■ ■

Um reativo está sempre "muito ocupado" e não tem tempo sequer para os seus.

Um proativo trabalha muito e arranja sempre tempo para si próprio.

■ ■ ■ ■

Um reativo contorna os desafios e nem se atreve a enfrentá-los.

Um proativo enfrenta os desafios um a um.

■ ■ ■ ■

Um reativo faz promessas e quando falha só o que sabe é se justificar.

Um proativo compromete-se, dá sua palavra e cumpre.

■ ■ ■ ■

Um reativo diz: "Não sou tão mau assim; há muitos piores que eu".

Um proativo diz: "Sou bom, mas vou ser melhor ainda".

■ ■ ■ ■

Um reativo não espera que chegue a sua vez de falar.

Um proativo ouve, compreende e responde.

■ ■ ■ ■

Um reativo resiste a todos os que sabem mais e apenas se fixa nos defeitos deles.

Um proativo respeita os que sabem mais e procura aprender algo com eles.

Um reativo não se compromete nunca e diz sempre: "Faço o meu trabalho e é quanto basta".

Um proativo sente-se responsável por algo mais que o seu trabalho.

■ ■ ■ ■

Um reativo diz: "Sempre fizemos assim. Não há outra maneira."

Um proativo diz: "Deve haver uma melhor forma de o fazer..."

■ ■ ■ ■

Um reativo é PARTE DO PROBLEMA.

Um proativo é PARTE DA SOLUÇÃO.

■ ■ ■ ■

Um reativo fixa-se "no azulejo que lhe cabe colocar".

Um proativo consegue "ver a parede na sua totalidade".

O MARKETING NÃO PRECISA SER CARO

Muitas empresas encerram suas atividades por perdas de negócios e oportunidades que foram arrebatadas pelos concorrentes. Na maioria das vezes, estes empresários justificam seus fracassos pela quantidade de dinheiro que os competidores investiram no marketing para serem mais conhecidos no mercado. Contudo, nem sempre isso é verdadeiro.

O fundamental para um empresário é ter a certeza de que nada é mais importante que atender as reais necessidades dos clientes. Nenhuma tecnologia adquirida ou produto inovador terá eficácia se não atender uma necessidade de quem pagará por este produto ou serviço. Parece óbvio, mas nem todos seguem esta coordenada.

A mensagem que a empresa passa deve estar alinhada com as necessidades dos clientes. Para isso, é importante entender o que estes consumidores percebem como valor, para depois observar com cuidado se todo o negócio está montado de molde a conectar a necessidade dele com os produtos ou serviços que a empresa oferece. Para tal fim, não são necessários altos investimentos em marketing, mas sim muita observação e criatividade.

Recentemente, uma matéria na Revista HSM escrita por Martin Lindstrom comentava o quanto pequenas ações podem fazer toda diferença numa empresa. Ilustrando, ele reportou o caso de uma pequena quitanda nos EUA que estava com sérios problemas de faturamento devido à instalação de um grande supermercado Walmart no mesmo bairro. Conversando com o proprietário da quitanda, este alegou que o Walmart praticava preços muito baixos e, por isso, estava conquistando a clientela.

Perguntaram ao empresário o que ele fazia para que as maçãs e pêras que vendia fossem melhores dos que as oferecidas pelo Walmart. Ele respondeu que suas frutas eram de melhor qualidade porque ele mesmo, dono da quitanda, acordava às 4h da madrugada para escolher pessoalmente cada fruta no distribuidor, para que às 8h elas estivessem fresquinhas no ponto de venda. Porém, os clientes da quitanda não sabiam disso. Foi então sugerido que o empresário tirasse fotos das bananas, maçãs, limões e outras frutas no ato da compra no distribuidor. Para cada foto, foi feito um pequeno cartão e no verso escreveu-se a caneta uma mensagem tipo: "Limões mais suculentos, comprados hoje às 5h24", "Maçãs mais saborosas, compradas hoje às 6h12" etc.

Esta ação deu uma virada no negócio. Os clientes perceberam valor no produto e estavam dispostos a pagar mais pela qualidade. Eles só precisavam saber que havia qualidade no produto, diferenciando-os dos encontrados no Walmart. Com uma simples e barata solução de marketing o cenário mudou. Hoje esta quitanda é famosa por ter produtos frescos. Ela conquistou uma nova imagem perante os clientes e se manteve viva, mesmo tendo na esquina um gigante como o Walmart.

Para que a mensagem da empresa chegue aos consumidores, é importante empregar todas as armas disponíveis para o marketing. Sem dúvida, as mídias sociais são atualmente as mais eficazes e econômicas. Segundo o livro Socialnomics, 25% dos resultados na primeira página de busca para as vinte principais marcas do mundo já são, nos dias atuais, links para sites de mídias sociais. Isso torna virtualmente impossível, para qualquer empresa, rejeitar o novo paradigma da era sociodigital em seu marketing.

É muito importante que os empresários saibam fazer uso do Facebook e outras redes sociais com inteligência e criatividade para demonstrar ao mercado a imagem que consideram eficaz para atender as necessidades do consumidor. Através destas redes, o empresário conseguirá entender melhor as demandas e os possíveis erros que porventura estejam sendo cometidos pela sua empresa, ensejando correções de rumo e aumentando as chances de acerto.

Existem centenas ou milhares de exemplos de ideias muito simples que fizeram toda diferença nos negócios. A questão é o empresário observar, com acuidade e persistência, tudo o que acontece à sua volta.

Um bom exemplo aconteceu em um restaurante em Londres que estava perdendo clientes demais e já começava a atrasar pagamentos. Aparentemente nada havia de errado: a comida era ótima, o atendimento maravilhoso – mas os clientes não vinham.

A solução foi observar... prestar atenção em tudo! O consultor contratado notou que o restaurante ficava localizado numa rua escura, com poucas sinalizações. Interpretou que uma das coisas que faltava era o cliente ser convidado a entrar por meio de um visual mais claro, devidamente sinalizado – o que fez através de tochas de fogo indicando o caminho até o restaurante. Ele também percebeu que algumas pessoas passavam na porta, liam o cardápio e iam embora, apesar de os preços serem atraentes e a lista de alternativas bastante convidativa. Isto o levou a concluir que devido à iluminação insuficiente as pessoas simplesmente tinham dificuldade para ler o cardápio. Colocou uma pequena lanterna à pilha projetando luz sobre ele. Foi o que bastou: o número de pessoas que liam o cardápio e entravam no restaurante aumentou expressivamente. Note-se que a virada de jogo neste caso não demandou investimentos pesados, mas sim tempo de observação, estatísticas de medições, ações concretas de teste para avaliar a resposta do consumidor.

Cada caso é um caso, o importante é o empresário entender que soluções eficazes podem ser mais simples do que se imagina.

Uma boa alternativa é formar grupos de estudo com os próprios funcionários da empresa, que têm contato direto com os clientes e podem trazer informações valiosas. É fundamental que o principal gestor da empresa tenha ouvidos abertos para todos que trabalham na companhia, que não se ache melhor do que nenhum deles, que permita que todos falem abertamente o que estão observando das reações dos clientes em contato com o negócio e os produtos/serviços. É importante ter cuidado para não ser contaminado com observações de preço, pois muitos vendedores acham que todo o problema de perda de negócios está no preço, o que nem sempre procede, uma vez que a maioria dos problemas encontra-se, na verdade, na proposta de valor.

Outro aspecto importante é não considerar que o sucesso de um segmento qualquer dará certo no seu negócio. Por exemplo, clínicas veterinárias não costumam ter muito sucesso com campanhas de marketing em jornais e rádios – o que tem demonstrado mais sucesso neste segmento é a comunicação interpessoal. Assim, a concentração de ações precisa ser na qualidade da informação passada aos donos dos animais nos momentos de contato. É também muito relevante estar atento aos conceitos do autor Michael Gladwell a respeito de "conectores" – pessoas com grande quantidade de relacionamentos, que influenciam muito mais indivíduos do que a média. É importante identificar clientes que sejam conectores e mantê-los muito informados, para que as notícias se propaguem com mais facilidade. Desta forma, se por exemplo o veterinário fizer um curso de especialização, aprofundamento ou outro qualquer, seria recomendável enviar um e-mail, folder ou mesmo telefonar para estas pessoas, informando-as de estar mais capacitado para melhor atender. Certamente estes agentes propagarão a informação de pessoa a pessoa, o que dará um resultado mais concreto.

Na Alterdata Software, empresa que dirijo, medidas de baixo investimento proporcionaram resultados espetaculares que só foram possíveis mediante observações do ambiente em que o cliente se move.

O PODER DO FEEDBACK POSITIVO E NEGATIVO

Saber dar um excelente feedback para as pessoas que trabalham conosco é uma forma de ajudar a empresa e contribuir para o processo de ascensão na carreira.

Há uma premissa no mercado que as pessoas são contratadas para fazerem as coisas corretamente, e não é mais do que obrigação fazer direito, sendo assim desnecessário fazer elogios ou mesmo dizer que está indo na direção certa. Porém, indubitavelmente, trata-se de um conceito nocivo não apenas para a companhia, como também para a pessoa que tem a oportunidade de valorizar o trabalho de alguém e não o faz.

A arte de uma empresa de sucesso, na grande maioria das vezes, não é o conhecimento técnico que esta empresa detém de determinado assunto, mas é o alinhamento que a equipe possui, a forma de trabalhar junto, remando na mesma velocidade, isso faz o grupo forte e temido pelos concorrentes. Porém, para estar trabalhando na mesma batida, no mesmo ritmo, é importante que as pessoas saibam se o que estão fazendo é correto ou não. Dar feedback significa passar informações positivas ou negativas para alguém que trabalha conosco sobre os mais variados aspectos da função e das tarefas envolvidas.

Há não muito tempo, a Revista Exame perguntou aos funcionários das 150 maiores e melhores empresas para se trabalhar quais eram os principais fatores que traziam satisfação e motivação no ambiente de trabalho, e o resultado foi surpreendente: o terceiro item mais respondido foi "salários e benefícios condizentes ao cargo", e o primeiro fator que mais traz alegria no trabalho foi: "aprovação ou direcionamento" da liderança. Veja que incrível! A recompensa verbal (aprovação da liderança) teve mais destaque que a recompensa financeira (salários e benefícios condizentes ao cargo).

Um dos objetivos que o ser humano mais visa é a REALIZAÇÃO, quer seja material ou não. O dinheiro que recebemos nos dá a sensação de realização física, pois com ele podemos comprar um carro, uma casa ou outros bens. Agora, a realização também está vinculada a coisas intangíveis, como fechar um grande pedido, reconquistar um cliente perdido ou produzir um relatório magnífico. E quando o gestor recompensa verbalmente este trabalho, como manifestação de reconhecimento, o funcionário também se sente REALIZADO, principalmente quando este feedback é proveniente de uma pessoa que ele admira e que está em um posto mais elevado que o seu.

Sendo assim, é extremamente recomendável que o feedback positivo aconteça em público, quando possível, na frente de todos os demais do setor. É importante que todos percebam que o trabalho está sendo bem feito, e que principalmente a liderança está percebendo este valor. Outro benefício neste momento é que está sendo criado um referencial, algo que os demais possam ter como padrão de excelência, reproduzindo-o. O feedback positivo também deve ser feito lateralmente. Quantas vezes um colega de mesmo nível hierárquico faz um trabalho excelente e não lhe dizemos uma palavra a respeito! Obviamente, isso não deveria acontecer. É importante para o ambiente saudável de trabalho que um valorize o trabalho do outro, gerando um clima melhor para todos. Cabe ao líder fomentar este tipo de iniciativa entre os pares.

Há pouco tempo li um artigo do Luciano Pires, importante palestrante de negócio. Contou que quando era alto executivo de uma determinada empresa tinha o hábito de manter uma caixa de chocolates BIS na sua mesa. Daí, sempre que alguém fazia algo muito interessante ele dava um chocolate para a pessoa, elogiando-a, pedia-lhe que o comesse na hora, e, em seguida, pegando o papel que envolvia o chocolate, escrevia o motivo de ele o ter ganho. Verificou posteriormente que mais de 15 anos depois, ao encontrar com antigos subordinados, alguns disseram que ainda traziam os papéis do chocolate guardados pelo orgulho de tê-los conquistado. A questão para se refletir é que, um chocolate BIS custa centavos, e mesmo assim, causou a magia da realização, não pelo valor, claro, mas pelo reconhecimento, pela orientação de que estavam no caminho certo.

Outro aspecto importante é o feedback para cima, isso mesmo, falar com o seu líder que ele está na trilha certa, que determinada decisão foi criteriosa. Isso constitui uma bússola para o comandante por sinalizar que as decisões estão sendo bem aceitas e compartilhadas pela equipe. Também participar de forma honesta nas pesquisas de satisfação interna da empresa é uma forma de dar feedback para os executivos, donos e líderes do que você está percebendo da operação da empresa.

Outra lição importante é na hora de dar o feedback negativo: este deve ser feito em separado, isolado do grupo, não se deve fazer correções severas ao indivíduo na frente de todos para não gerar constrangimento. Contudo, isso não quer dizer que em determinados momentos, normalmente reuniões de grupos, certas pessoas não possam ser contrariadas e corrigidas – isso pode ser importante para o grupo como orientação geral. Deve-se ter cuidado, contudo, com a forma de se colocar, pois o líder não deve aparentar prepotência nem complacência.

    O perfeito uso da ferramenta do feedback poderá transformar a relação de um grupo de trabalho.

OLHANDO O PROBLEMA SOB DIVERSAS ÓTICAS

Todo gestor de um negócio é um solucionador de problemas, é um profissional que fica o tempo inteiro tornando os processos mais produtivos, os setores mais ágeis, a empresa mais lucrativa. Para que isso aconteça, o gestor precisa resolver problemas o tempo inteiro, é necessário vencer obstáculos diariamente. E a forma como enfrenta os problemas faz toda diferença nos resultados.

É comum perceber que um determinado profissional tem melhores resultados do que outros. Ao pensarmos no porquê, podemos concluir prematuramente que uma pessoa é mais inteligente do que a outra. Isso nem sempre é verdade, pois a essência do profissional eficaz está em enxergar o obstáculo sob diferentes óticas, tornando mais fácil atingir os objetivos independente do caminho que percorrerá.

Isso pode ser bem ilustrado com o seguinte exemplo:

Em uma situação encontrada em um voo, havia uma criança infernizando os passageiros. Ela corria de um lado para outro dentro do avião, esbarrava em todos, derrubava notebooks e os copos de água dos passageiros. Alguns queriam dormir, mas as brincadeiras do menino eram barulhentas demais, o que irritava a todos. Os passageiros começaram a reclamar, brigavam entre si e com o pai do garoto, que o deixava à vontade no avião. Desta forma, o pai, meio constrangido, pegou a criança e colocou-a sentada com o cinto de segurança apertado. Porém, isso tornou a situação ainda pior, pois o menino gritava e chorava, não se conformando de estar naquela situação.

O inferno estava instaurado, até que uma passageira chamou a comissária de bordo e sussurrou-lhe algo, fazendo-a ir à cabine do piloto. Instantes mais tarde o copiloto saiu da cabine, foi até o menino e perguntou se ele gostaria de pilotar o avião. O garoto, incrédulo, olhou para o pai, que o autorizou a ir com o copiloto dirigir aquela incrível máquina de voar. O menino ficou as próximas duas horas na cabine do piloto imaginando que pilotava o avião e o voo seguiu em paz.

Nesta situação, todos os passageiros olharam o problema sob a ótica pessoal e se manifestaram em função da irritação que sentiram, enquanto a passageira que falou com a comissária de bordo percebeu o problema sob a ótica do menino. Ao sugerir uma solução para o menino, ela acabou resolvendo o problema de muitas pessoas.

Muitas vezes, problemas não são resolvidos por falta de percepção das alternativas possíveis sob a ótica dos outros. É mais cômodo olharmos sob a nossa ótica, uma vez que esta é sempre mais fácil e clara para nós mesmos. Casamentos terminam pela mesma razão. Cada um olha o problema sob a sua ótica, enquanto a compreensão envolve entender por que o outro sente algo que não percebemos no primeiro olhar.

Um bom líder jamais toma uma decisão sob pressão, sem antes olhar muitas óticas envolvidas.

Uma boa orientação nesse sentido é a seguinte:

Ao se deparar com um problema, pense nas "pessoas impactadas" pela situação. Quando conseguir identificar estes personagens, tente entender como cada um destes pode estar vendo o problema. Se não conseguir interpretar, pergunte diretamente às pessoas. Uma vez que tenha entendido o problema sob várias óticas diferentes, tente imaginar o que poderia mudar no ambiente para contribuir para a solução.

Muitas vezes os caminhos alternativos são mais eficazes do que as estradas que confrontam diretamente a questão. O mais complexo é conseguir enxergar as alternativas sem se deixar influenciar pela nossa forma pessoal de ver a situação. No caso do menino do voo, a mulher que falou com a comissária de bordo conseguiu dar uma solução independente da irritação pessoal que sentia e, independente da sua vontade própria, ela conseguiu olhar a ótica do menino.

Na Alterdata Software, empresa na qual tenho muitas responsabilidades, sou solicitado a tomar decisões o tempo inteiro. Estas decisões nem sempre são fáceis, em função de trazerem grande impacto numa quantidade extraordinária de pessoas. Porém, na minha forma de agir, sempre tento, na grande maioria das vezes, pensar como no exemplo do voo, esforçando-me ao máximo para ver a situação sob várias óticas.

Um caso pertinente foi a situação em que uma líder nova do departamento comercial vinha muito à minha sala pedir autorização para fazer certas concessões nas propostas comerciais para fechar negócios. Ela entrava na minha sala muitas vezes ao dia, interrompendo-me. O problema visível era a interrupção, que me incomodava. Eu poderia ter me irritado, reclamado, xingado, gritado, mas isso não resolveria o problema. Eu poderia ter contratado outra pessoa, mas isso também não seria solução. Comecei a pensar sob a ótica desta líder, que na verdade estava insegura para tomada de certas decisões. A questão era mais psicológica do que técnica. Desta forma, fui gradativamente pedindo a sua opinião, questionando o que recomendaria que eu fizesse na situação que estava me perguntando, e quando a líder dava uma resposta com a qual eu não concordava, era orientada. Aos poucos ela foi aumentando sua assertividade, até que um dia eu a questionei: "Você já percebeu que eu sempre concordo com as suas sugestões?" Ela disse que não havia percebido isso. Na verdade, estava pronta para assumir riscos sozinha. Passei então a lhe autorizar que não recorresse mais a mim na grande maioria dos casos, me liberando para coisas mais significativas relacionadas à estratégia da empresa. Neste caso concreto, se eu me limitasse a ver o problema exclusivamente sob a minha ótica, não conseguiria resolver a situação. Tive que olhar sob a ótica dela e entender sua insegurança para então oferecer o que ela precisava: autoconfiança.

Não seja vaidoso ao ponto de achar que a sua forma de pensar e solucionar é sempre o centro do universo. O seu objetivo não é ter razão sempre, mas sim ter resultados concretos frequentemente, é atingir objetivos, e, portanto, são grandes as chances de a solução estar na visão outro.

Agora, pare e pense antes de tomar uma decisão em face de um problema. Lembre-se de analisar o entorno, pois a solução pode estar onde você não vê no primeiro momento. A ansiedade pode dificultar-lhe ser um bom líder, um excelente planejador, um gerente de primeira linha, um eficaz diretor de empresas ou, até mesmo, um bom cônjuge no casamento.

OS TÍMIDOS SÃO MUITO IMPORTANTES PARA A EMPRESA

Estamos acostumados a dar maior atenção em quem fala mais alto. Somos condicionados a valorizar aqueles mais articulados e com bom poder de oratória, contudo nem sempre isso nos leva a ter numa equipe as pessoas mais brilhantes ou com o melhor desempenho.

A tendência natural de um líder é se identificar com pessoas afins, pessoas parecidas com ele próprio, fazendo-o estruturar uma equipe de iguais, quando, na verdade, o que faz a diferença numa empresa é a individualidade das pessoas numa mesma equipe. Há uma célebre frase que diz: "O poder de uma equipe é medido quando a fraqueza de uma pessoa é neutralizada pelo ponto forte da outra". Isso quer dizer que todos nós temos pontos fortes e fracos, e o líder inteligente neutraliza o ponto fraco de um integrante colocando na mesma equipe alguém que tenha este mesmo ponto como forte.

Em 1920, o pesquisador Carl Jung forjou os termos Extrovertido e Introvertido em seu livro "Tipos Psicológicos". Segundo o autor, enquanto o introvertido se sente atraído para o mundo interior do pensamento e dos sentimentos, os extrovertidos preferem a vida exterior, que implica relacionar-se com outras pessoas e realizar atividades diversas. Mais recentemente, outros pesquisadores estudaram o assunto, e descobriram coisas muito importantes nestas duas personalidades, deixando claro que cada um tem um brilho próprio muito relevante para as organizações. Os introvertidos se sentem mais vivos, com mais energia e mais confortáveis com a atividade desempenhada em ambientes tranquilos. Os extrovertidos, ao contrário, anseiam por ser estimulados e, quando não obtêm incentivos suficientes, começam a ficar entediados e infelizes.

O problema é que há uma tendência mundial de achar que os extrovertidos são os profissionais ideais, pois estes se sentem confortáveis sendo carismáticos e o centro das atenções. Se considerarmos que todos são iguais em capacidade intelectual, chegamos à conclusão de que os introvertidos possuem a mesma quantidade de boas ideias que os extrovertidos, porém estes últimos argumentam com mais desenvoltura. A empresa que dá ouvidos apenas aos extrovertidos está perdendo 50% de chances de ter boas ideias na transformação do negócio. O que é importante para uma empresa é o líder conter os extrovertidos nas reuniões para deixar que os introvertidos aflorem.

Líderes introvertidos é grande chance de sucesso pelo alto grau de concentração que possuem. Assim, passam a ser analíticos vorazes, e inspiram as pessoas pela sua capacidade de visão e organização. Logo, o sucesso destes líderes introvertidos está em ter subordinados extrovertidos nos pontos que exigem visibilidade, território que deixa desconfortáveis aqueles que possuem temperamento reservado. Com isso, o equilíbrio de uma equipe é estabelecido. A história demonstra: muitos líderes introvertidos alcançaram grande sucesso, como a ativista negra pelos direitos civis Rosa Parks; Eleonor Roosevelt, esposa do presidente dos EUA; e o líder nacionalista indiano Gandhi. Os três eram calados, falavam com suavidade e tiveram milhões de seguidores. Os introvertidos colocam-se no foco dos olhares por uma causa, não por uma necessidade narcisística – e isso é um elemento poderoso sob diversos aspectos.

Outro bom exemplo de líder introvertido é Warren Buffett, que atribui seu sucesso como investidor não só a seu conhecimento, mas também a seu temperamento cuidadoso e ponderado. Igualmente Albert Einstein e Isaac Newton eram tímidos assumidos.

Outro aspecto identificado em pesquisa recente pela Wharton University foi que os líderes introvertidos obtêm mais de seus subordinados porque tendem a lhes dar mais autonomia para pôr em prática suas ideias, enquanto os extrovertidos tendem a querer colocar sua marca pessoal em tudo o que fazem. Desta forma, é fácil concluir que uma empresa precisa dos extrovertidos que forcem as coisas e assumam riscos sem constrangimento, mas também precisa dos introvertidos que tomam um tempo para observar cuidadosamente a situação toda, com os detalhes que merecem ser identificados.

Quando se fala de criatividade, a coisa complica ainda mais. Estudos têm demonstrado que as pessoas mais criativas tendem a ser retraídas. Elas precisam passar um tempo em solidão para pensar e criar por si mesmas, porém as empresas não ajudam em nada quando não permitem este isolamento a seus criadores. Um bom exemplo é o estrago que uma seção de brainstorming faz nos tímidos, se não for bem conduzida pelo líder, pois os extrovertidos ofuscam a presença dos introvertidos, perdendo-se assim grande chance de sucesso, visto que os tímidos podem, na maioria dos casos, ser os mais criativos.

Na Alterdata, empresa que fundei, temos uma preocupação contínua com todos os perfis de personalidade que possam existir nos grupos de trabalho, derivada da certeza de que cada um tem seu brilho próprio. Procuramos orientar aos gerentes de setores a estimular todos a participarem das reuniões falando, expondo suas ideias, mesmo que seja um pouco mais complicado fazer o introvertido falar na frente dos colegas. Nossos líderes precisam ter a certeza de que uma empresa é um organismo vivo, algo que se transforma o tempo inteiro, e para que esta transformação aconteça é fundamental trazer à superfície o melhor de cada um.

Há uma tendência natural de o introvertido se achar menos poderoso do que o extrovertido, pois este último sempre aparece mais, podendo até mesmo, em casos extremos, fazer o tímido se sentir com baixa autoestima. Porém, o profissional introvertido precisa saber o poder que tem nas mãos, e usar seu poder de concentração para fazer trabalhos de maior profundidade. É importante não tentar se igualar aos extrovertidos; deve, sim, potencializar tudo o que nele já existe de bom, o que lhe é inerente. Ser menos falante não significa menos eficiente, não fechará portas para o crescimento, não prejudicará a carreira. Se o tímido resolve, porém, exercer uma função incompatível com esta personalidade, jamais conseguirá bater um extrovertido típico.

Outro fator que precisa ser esclarecido para não gerar má interpretação é confundir uma pessoa introvertida com outra sem iniciativa. Uma coisa nada tem a ver com outra, pois é possível haver extrovertido e introvertido com iniciativa – e esta disposição é um dos elementos mais importantes para uma empresa. Não adianta o extrovertido usar todo o seu poder de argumentação se não é uma pessoa que faz acontecer, que vai para cima do problema, que resolve coisas sem precisar ser mandado. Uma empresa precisa de pessoas que ajudem a enxergar o que está acontecendo, e para isso precisa haver iniciativa, vontade, determinação, que não tem relação com ser ou não extrovertido. Desta forma, os líderes devem prestar mais atenção nos introvertidos, pois são grandes as chances de haver muitos talentos na empresa eclipsados pela voz de pessoas que apenas falam mais alto.

Sendo assim, acredito ser muito importante que o líder coloque tarefas de alta concentração nas mãos dos introvertidos, coloque funções muito analíticas nas mãos dos tímidos, e quando precisar de algo a ser feito com grande profundidade, que mais uma vez busque os introspectivos. Contudo, todos estes precisam ter "iniciativa".

Na Alterdata aplicamos o teste SOAR à maioria dos funcionários a fim de identificar o perfil de personalidade e comunicação de cada um, tendo em vista trabalhar o que possuem de melhor, pois sabemos que uma equipe forte é feita de profissionais que se completam. Este teste classifica a pessoa em quatro categorias: dominante, extrovertido, paciente e analítico. Cada item, numa régua de valores, dá o grau de intensidade, facilitando à empresa alocar cada um na função em que tenha melhor desempenho.

Porém, quando a empresa é pequena, torna-se mais fácil entender a sua equipe, bastando ter a certeza de que cada um tem o seu valor. Cabe, portanto, ao líder focar atenção nas pessoas e não apenas no faturamento da empresa.

PADRÕES PSICOLÓGICOS PARA FECHAMENTO DE NEGÓCIO

Todos os profissionais, de todos os segmentos, precisam fechar negócios com seus clientes, pacientes, parceiros, fornecedores e outros stakeholders, e desta forma precisam compreender que existem técnicas mais eficazes para que isso aconteça com mais sucesso, sendo que a essência é adaptar o discurso à pessoa para deixar tudo claro na linguagem dele. Também é importante compreender que todos nós somos vendedores, um médico está vendendo os seus serviços o tempo inteiro, um advogado faz o mesmo, de modo que não são apenas os vendedores tradicionais que precisam se preocupar com o sucesso na hora de oferecer seu produto ou serviço.

Cada ser humano viveu experiências únicas desde a sua infância, tornando alguns mais ousados, mais corajosos, mais confiantes, mais inseguros, e todas estas características tornam cada indivíduo um ser único, sendo importante o vendedor entender que precisa falar a linguagem do comprador. Eis por que é necessário entender alguns aspectos psicológicos para dar encaminhamento certo ao diálogo.

Para termos sucesso precisamos ser observadores argutos e ouvintes atentos das pessoas à nossa volta, visto que apenas assim conseguiremos entender a forma por que elas se comunicam. Segundo Friedrich Nietzsche: "O homem que vê mal vê sempre menos do que aquilo que há para ver; o homem que ouve mal ouve sempre algo mais do que aquilo que há para ouvir".

Sendo assim, classifiquei alguns perfis de personalidade com suas características e respectivas orientações de comportamento do vendedor a fim de se ter mais sucesso no fechamento do negócio, seja este a venda de um produto ou serviço.

1) Existe um tipo de pessoa que se rege pela urgência em resolver algo, não necessariamente porque tem pressa ou precisa da coisa imediatamente, mas porque psicologicamente não suporta negociar por um longo período.

■**PROATIVO:** tem grande senso de urgência, tomando iniciativa por si só, fazendo muitas perguntas, pode até mesmo conduzir a conversa sobre a apresentação do produto ou serviço, impacienta-se com longos debates, quer objetivamente saber aonde chegará. Para este tipo de perfil deve-se apresentar um resultado imediato.

■**REATIVO:** demonstra claramente que não toma nenhuma decisão precipitada, precisa de tempo para pensar e analisar a questão, é muito difícil extrair dele informações, se aborrece com pressões excessivas. <u>Para este perfil deve-se criar uma imagem de futuro demonstrando que a decisão é dele e mandar um sinal para o fechamento.</u>

2) Outro elemento importante para se prestar atenção é o padrão do mesmo quanto à forma de ver o que precisa, pois pode comprar uma coisa para obter algo ou pode comprar a mesma coisa para não ter um problema.

■**PADRÃO DE APROXIMAÇÃO:** diz claramente o quer, compra algo para obter benefícios, vai diretamente ao encontro de algo que está precisando, agasta-se com excesso de informações técnicas, é positivo na forma de ver. <u>Para este perfil deve-se demonstrar positivamente os benefícios do produto ou serviço em questão.</u>

■**PADRÃO DE AFASTAMENTO:** diz claramente o que não quer, compra para resolver ou evitar problemas, manifesta-se fugindo de algo negativo, irrita-se com a afirmação de que não existe hipótese de haver problemas. <u>Para este perfil deve-se criar a visão clara de que não vai ter problemas com o produto ou serviço que está adquirindo.</u>

3) Existem pessoas que decidem perante alguns critérios que podem variar em função da personalidade do mesmo, como se ele tivesse um território claramente definido que lhe dá segurança, e quando o vendedor avança nesta área pode gerar grande desconforto, resultando na perda de uma negociação.

■**CRITÉRIOS INTERNOS:** decide pelos próprios padrões internos, tem mais dificuldade de aceitar opiniões, não aceita sugestões claramente, se aborrece com a luta de tentarem convencê-lo de uma coisa quando acredita piamente em outra. <u>Para este perfil deve-se deixar a pessoa livre para decisão, não forçando o fechamento e valorizando o seu tempo para reflexão.</u>

■**CRITÉRIOS EXTERNOS:** decide para obter aprovação dos outros, tem mais facilidade para aceitar opinião alheia, aceita mais facilmente conceitos globais de negócio, quando forçado a dar sua opinião claramente, exaspera-se. <u>Para este perfil deve-se procurar demonstrar o que os outros fazem, principalmente os maiores e melhores do que ele.</u>

4) Algumas pessoas são mais ousadas do que conversadoras, são mais suscetíveis a mudanças do que outras. Conhecendo estes elementos será possível, psicologicamente, dar o que o cliente está querendo.

■**PREFERÊNCIAS A PARTIR DE OPÇÕES:** necessita ter várias opções para decidir, gosta de mudar o tempo inteiro, não gosta de padrões organizados, se aborrece pela pouca flexibilidade da compra, já que ele próprio é flexível. <u>Para este perfil deve-se deixar a pessoa perceber as alternativas que pode ter na compra, oferecendo-lhe a flexibilidade de que gosta.</u>

■**PREFERÊNCIAS DE PROCEDIMENTOS:** gosta de ter uma única opção que parece ser a melhor, não gosta de mudanças, gosta de organização e coisas previsíveis, sempre termina o que começa, se aborrece e confunde-se com muitas opções de escolha. <u>Para este perfil deve-se procurar enquadrar tal pessoa em um procedimento para que o veja claramente até a fase do fechamento.</u>

5) Algumas pessoas gostam de ser iguais às outras, e algumas gostam de ser diferentes das outras. Podemos observar isso nos comentários pessoais e forma de vida, e assim esta característica influencia bastante o fechamento de um negócio.

■**FOCO EM SEMELHANÇAS:** gosta do que já aconteceu e espera que aconteça novamente, gosta de estabilidade e não de mudanças, nota facilmente o que se parece com ela mesma, se aborrece com a simplicidade com que o vendedor fala em mudança. <u>Para este perfil deve-se mostrar que está comprando algo semelhante ao que já comprou, ou que terá uma boa sensação que já experimentou.</u>

■**FOCO EM DIFERENÇAS:** gosta do novo, do diferente, gosta de mudanças e não se importa com as mesmas, nota facilmente o que é diferente dela própria e possíveis problemas, se aborrece com pessoas ultrapassadas em conceitos e tecnologia. <u>Para este perfil deve-se procurar novidades e lançamentos, uma vez que está o tempo inteiro olhando para frente.</u>

Lembro que uma mesma pessoa pode ser PROATIVA e também ter FOCO EM SEMELHANÇAS, o importante é entender estes modelos e começar a praticar observando os seus contatos de fechamento de negócios.

POLÍTICAS DE MUDANÇAS

Recentemente, lendo o livro do Peter Drucker intitulado "Desafios Gerenciais para o Século XXI", descobri um trecho bastante interessante que pode contribuir para os líderes em geral refletirem melhor sobre o processo de mudança que cada um precisa encetar para um efetivo crescimento na carreira na ERA DO CONHECIMENTO que estamos vivenciando.

O Brasil tem crescido muito, e desta forma está precisando de líderes que pensem diferente de como o fazem, que se movam diferentemente, que gerem ações distintas das que estão gerando, e a julgar pelo livro de Drucker, isso não é exclusividade de nosso país, ou do mercado em que estamos inseridos. Como profissional de informática, especializado em sistemas de gestão, vejo que as empresas que mais crescem são aquelas que mais mudam sua estrutura de funcionamento, são as mais adaptáveis às novas regras do mercado, são aquelas mais abertas a escutar o que o mercado quer, e desta forma são as que mais geram oportunidades internas para os profissionais que têm o mesmo perfil, ou seja, que estudam continuamente, que aceitam novos desafios frequentemente, que promovem a mudança para melhor no setor em que estão inseridos.

Drucker ensina que, para ser um líder de mudanças, é preciso disposição e capacidade para mudar aquilo que está sendo feito, bem como para fazer coisas novas e diferentes. Contudo, é necessária, também, a adoção de algumas políticas:

1. Abandono do ontem: a primeira necessidade é liberar recursos, deixando de comprometê-los com a manutenção do que não mais contribui para o desempenho e não produz resultados. "Não é possível criar o amanhã a menos que antes se jogue fora o ontem". Para o autor, deve-se sistematicamente abandonar o "o quê" e o "como", embora essas nunca sejam medidas populares.

2. Aperfeiçoamento organizado: qualquer coisa que uma empresa faça, interna e externamente, precisa ser aperfeiçoada de maneira sistemática e contínua, a uma taxa anual prefixada: na maior parte das áreas, como têm mostrado os japoneses, uma taxa anual de aperfeiçoamento de 3% é realista e atingível. O autor ensina que aperfeiçoamentos contínuos em qualquer área acabam transformando a operação e levam a inovações nos produtos e serviços e a novos processos e negócios.

3. Exploração do sucesso: para serem líderes de mudanças, as instituições precisam focalizar oportunidades, matar de fome os problemas e alimentar as oportunidades. "As instituições que têm sucesso em ser líderes de mudanças certificam-se de alocar pessoal às oportunidades", revela Drucker. Isso significa explorar os próprios sucessos e construir sobre eles.

4. Inovação sistemática: embora não seja a mais importante, essa é a área à qual mais atenção está sendo dada hoje. E a principal razão é que uma política de inovação sistemática produz a mentalidade para que a empresa seja líder de mudanças. "Ela faz com que a organização inteira veja mudanças como oportunidades".

5. Políticas contábeis e orçamentárias adequadas: na maior parte das empresas, existe somente um orçamento, ajustado ao ciclo dos negócios. Em épocas boas, os gastos aumentam de forma generalizada, e vice-versa em épocas más. "Isso praticamente garante a perda do futuro", adverte Drucker. O primeiro orçamento é o operacional, que mostra os gastos para manter o negócio (80% a 90% dos gastos totais). O líder de mudanças tem um segundo orçamento separado para o futuro, o qual permanece estável em épocas boas ou más (10% a 12% dos gastos totais). "O orçamento para o futuro também deve incluir gastos para explorar o sucesso".

6. Continuidade: mudanças e continuidade não são opostas. As pessoas têm de saber onde estão e o que podem esperar da empresa. Para mudar rapidamente, é preciso manter relacionamentos próximos e contínuos também com fornecedores e distribuidores. "O equilíbrio entre mudança e continuidade requer um trabalho ininterrupto de informação, não pode haver surpresas". Esse equilíbrio deve se basear em compensação, reconhecimento e recompensas.

7. Criação do futuro: as mudanças de curso precisam se adequar às realidades. Contudo, dentro das restrições, o futuro é maleável, "ainda pode ser criado". Drucker considera que criar o futuro é altamente arriscado, mas não tentar criá-lo é muito mais.

Desta forma, com os ensinamentos de Drucker, percebemos que tanto as empresas como as pessoas precisam estar cientes de que a mudança é a única certeza que temos do futuro, e desta forma precisam se preparar para esta realidade, precisam de métodos para se ajustarem a este novo momento.

É importante que os líderes entendam que não é mais possível administrar uma empresa ou suas carreiras como se fazia 40 anos atrás, eis que o mercado mudou, os clientes mudaram, os funcionários mudaram, e desta forma a estrutura administrativa e estratégica também precisa mudar.

PONTOS DE CONEXÃO NA SUA CARREIRA

Se você está entrando no mercado de trabalho, saiba que dará mais ou menos certo de acordo com o seu comportamento e não em função do seu conhecimento técnico adquirido numa faculdade. O curso superior é fundamental, mas não lhe tornará diferente de todos que fizerem o mesmo curso. O que lhe tornará um profissional melhor é a forma como você percebe os problemas e desafios que se colocarão à sua frente.

O importante é entender que a carreira é feita de "Pontos de Conexão", pontos que aparentemente estão soltos, mas que em algum momento se unirão para torná-lo pronto para quando a oportunidade acontecer. Quando estiver fazendo um curso de inglês você estará criando um destes pontos, da mesma forma quando estiver fazendo um curso de vendas, e, ainda, quando estiver fazendo estágio em determinada empresa estará adquirindo conhecimento útil para na frente reunir todos os demais pontos e tornar-se preparado para uma oportunidade.

As oportunidades aparecerão na sua frente em várias circunstâncias e você precisará estar pronto no momento exato. Quando isso acontecer, será capaz de assumir um cargo novo, uma liderança nova, um novo contrato, uma remuneração mais elevada e muitos irão dizer que você é uma pessoa de sorte, que é iluminado, mas na verdade você é um bom colecionador de "Pontos de Conexão". Dentro de uma empresa, quando surge um novo cargo, normalmente o líder escolherá uma pessoa baseado nas habilidades necessárias para este novo desafio, e não em função do tempo de casa. As empresas de sucesso trabalham com o princípio da meritocracia, onde as oportunidades são assumidas pelas pessoas que possuem o maior conjunto de habilidades para enfrentar o problema. Desta forma, o profissional da era do conhecimento precisa ser um colecionador destas habilidades, destes "Pontos de Conexão" adquiridos ao longo da carreira.

Não acredite que as pessoas de sucesso são Midas, que tudo que tocam vira ouro, porque isso não existe. Não acredite que as pessoas que deram certo são predestinadas – isso não acontece. O que existe é você ter um comportamento que o faz estudar e se aprimorar o tempo inteiro, independente do sucesso que já adquiriu. Isso é que o torna mais preparado e capaz, fazendo que seja eficaz em muitos momentos da vida, trazendo bons negócios e sucesso para sua carreira.

Lembre-se de que todos os profissionais que atuam no mesmo mercado que você provavelmente encontram os mesmos problemas e dificuldades. Procure portanto ver oportunidade onde a maioria vê problemas. Quando uma grande dificuldade aparecer na sua frente, lembre-se que todos estão na mesma situação. Coloque-se de uma forma que possa descobrir onde está o espaço que lhe permitirá ultrapassar esta barreira – ele existe mesmo que você não consiga ver facilmente. Oportunidade e Problema estão sempre juntos, depende apenas da sua capacidade de enxergar, da sua determinação de insistir até encontrar o espaço, da sua forma de unir todos os seus "Pontos de Conexão" adquiridos ao longo da vida naquele exato momento.

Estamos vivendo na era do conhecimento, onde tudo se transforma muito rapidamente, onde adquirir informação é passo fundamental para estar na frente dos concorrentes do mesmo mercado. Sendo assim, creio importante ser um profissional muito bom em determinada coisa, focado no assunto a que se propõe, complementando-se com habilidades gerais fundamentais. Um bom exemplo é na área em que atuo, a tecnologia. É possível um analista de sistemas ser especializado em Banco de Dados, ser muito bom nisso, estar acima da média neste tipo de conhecimento muito específico. Porém, muitos também serão bons neste assunto, sendo portanto fundamental munir-se adicionalmente de conhecimentos de gerência de projeto, gestão de pessoas, orçamento, planejamento estratégico, oratória, liderança, inglês, vendas e outros temas complementares. Cada um destes será um "Ponto de Conexão" que se unirão em algum momento no futuro, que nem sempre controlamos, mas com a certeza de que um dia acontecerá.

Estes "Pontos de Conexão" farão você ter mais autoconfiança, tornando mais fácil ter um comportamento adequado para assumir novas responsabilidades. É de conhecimento do mercado uma pesquisa feita alguns anos atrás em Harvard, nos EUA, com 5.000 executivos demitidos, mostrando que em 89% dos casos a demissão se deu por motivo de comportamento e temperamento e não por falta de conhecimento técnico. Desta forma, percebe-se que o conhecimento do assunto não foi suficiente para manter a pessoa no cargo, o profissional precisava de outros "Pontos de Conexão" a fim de ser mais completo. Sendo assim, os profissionais são contratados pelo conhecimento técnico e são demitidos pelo comportamento.

Sou proprietário de uma empresa que tem cerca de 1.000 pessoas trabalhando juntas e vejo nitidamente o quanto a diferença resulta do fato de se estar pronto quando a oportunidade acontece, e não por sorte ou predestinação. Prepare-se sempre, o tempo inteiro. Tente ler mais livros, assistir mais programas culturais na TV, instruir-se em ciências correlatas ao foco do seu trabalho, procure ser um eficaz trabalhador em grupo, tente descobrir as oportunidades ocultas atrás dos problemas, e, finalmente, aprenda com seus erros.

PROBLEMA SE RESOLVE NA ORIGEM

Em geral os profissionais estão na empresa para resolverem problemas e encontrar soluções para o que não está funcionando a contento. Entretanto, a grande maioria das pessoas comete um erro elementar: apenas trabalham no problema em si e não na origem do mesmo, tratando o sintoma, aplicando um "band-aid" para encobrir a anomalia a fim de mitigar a dor.

Conheço muitos empresários que jamais conseguiram fazer suas empresas decolarem, visto se concentrarem o tempo inteiro em apagar incêndios, em fazer as coisas funcionarem no varejo, e desta forma, quando surge um problema qualquer, trabalham para resolvê-lo, mas não para evitar a reincidência do problema. O gestor que quer fazer sua empresa crescer de forma consistente corrige o problema mas também precisa sanar a causa. Muitos destes empresários reclamam que trabalham demais e não veem a empresa crescer, o que certamente é um sintoma de que há algo errado na gênese, na raiz das questões do dia a dia.

Tal acontece porque não estamos condicionados a pensar sob esta ótica, o que não raro nos limita a sermos tarefeiros ao invés de pensadores. Fomos condicionados na infância, no colégio, na família, limitando-nos incontestavelmente. Ficamos emparedados. O condicionamento psicológico é algo que acontece a conta-gotas, lenta e continuamente. Para quebrarmos o ciclo, temos que nos recondicionar, e a única solução para virarmos o jogo e sermos profissionais de alto padrão é instilarmos em nós mesmos o condicionamento que queremos.

Nenhum condicionamento é agradável de ser feito, é repetitivo, envolve dedicação, sendo feito, na maioria das vezes, de forma forçada até passar à automaticidade. Isto posto, sugiro que você comece a pensar e agir o mais rapidamente possível para ver resultados no médio prazo. Não espere o ano que vem para começar, não espere o mês que vem para pensar de outra forma, seja diferente desde já quando tiver que resolver um problema.

Sugiro, para começar, que inicie por exercitar sua observação. Quando estiver diante de um problema, depois de entendê-lo em profundidade, tente pensar no que o possa ter ocasionado, vez que sempre haverá um evento que aconteceu ou não aconteceu para ter dado causa ao problema em tela.

Encontrada esta, não pare com a investigação, tente encontrar outros componentes que poderiam ter concorrido para o desenho da dificuldade, já que, com frequência maior do que gostaríamos, diferentes fatores podem convergir para configurar um dado problema.

Como fundador da Alterdata Software, uma empresa que em 2013 contava cerca de 1.000 funcionários, afirmo com absoluta certeza que um dos grandes diferenciais da minha companhia está na forma da diretoria pensar, que é torturar os problemas até confessarem o que deu causa a eles. Metaforicamente falando, espremamos o problema para descobrir sua origem, algo que fazemos desde a fundação da empresa, não aceitando facilmente que um mesmo erro aconteça duas vezes, destarte criando mecanismos para proteger a empresa dos problemas. Sempre que entendemos a mecânica de um erro ou uma situação que está acontecendo que prejudica a estratégia da empresa, montamos um plano de guerra para prevenir sua reedição desde a origem.

Segundo Albert Einstein, o famoso físico alemão: "Insanidade é fazer a mesma coisa uma e outra vez, esperando resultados diferentes".

Ou seja, um problema que acontece uma vez e não atacamos a causa, acontecerá uma segunda vez, uma terceira vez e muito mais vezes, até tornar-se um problema gigantesco na estrutura da empresa. Então, use sempre a técnica dos PORQUÊS criado pela Toyota em 1970. Faça cinco perguntas diretas indagando por que aconteceu, tentando entender a origem da questão. Faça isso sempre, mesmo que de maneira forçada, até que um dia passará a fazê-lo automaticamente. Se preferir poderá usar um tipo de pergunta menos inquisitiva como por exemplo: "O que especificamente está errado?"; "Como isso ocorre?"; "O que deu origem a este problema?"

Para ilustrar, suponha que estamos nos reunindo com nossa equipe de produção em virtude da reclamação de um cliente importante.

1. Quem, especificamente, está reclamando? Resposta: o presidente da empresa ABC.

2. Sobre o que especificamente ele/ela está preocupado? Resposta: a qualidade de nossa última remessa.

3. Que produto(s) e de onde foi(ram) produzido(s)/enviados(s)? Resposta: DVDs da nossa fábrica em Teresópolis/RJ.

4. Qual especificamente foi o problema? Resposta: o envio não atendeu às normas especificadas.

5. Como isso ocorreu? Resposta: essa empresa tem necessidades especiais que não foram comunicadas ao departamento de produção.

6. Como é que o departamento de produção não estava ciente dessas necessidades especiais? Resposta: não há espaço no formulário de pedidos para indicar essa exigência.

7. Se essa informação estivesse disponível para a produção, poderíamos ter atendido as necessidades do cliente? Resposta: sim.

Trabalhando com esta forma de pensar os problemas, estes começarão a ser resolvidos sem que voltem a assombrar, o que fará o líder estar focado em outras coisas e não nas mesmas. Trabalhar muito é sinal de resultados, mas não adianta trabalhar muito nas mesmíssimas coisas sem sair do lugar. Quando alguém diz para mim que trabalhou muito a vida inteira e não conseguiu resultados fico logo imaginando que ele provavelmente não trabalhou da forma correta.

Se você é um líder, empresário ou gerente de setor, deve exigir de seus liderados o mesmo comportamento, ou seja: se alguém vier até você com um problema específico, force-o a pensar e trazer soluções aplicáveis à origem. Com isso você estará criando uma cultura da organização capaz de levar seus membros a agirem de forma produtiva. Para melhor compreender, use a técnica da Granulação, já analisada em outro artigo, que consiste em pedir ao subordinado para detalhar os dados a fim de habilitá-lo a entender melhor o que está acontecendo. Deste modo, quanto mais você conseguir detalhar os dados, mais claramente discernirá ações diferentes para problemas distintos. Se estamos falando de um volume de vendas ruim, é possível que a ação adotada num estado da federação seja diferente da de outro estado. Se estamos falando de qualidade de produto, é possível que para elevar o padrão você tenha de encetar ações diferentes por linha de produtos. Para considerar a origem do problema, tenha em mente que os detalhes é que fazem a diferença, e raramente uma ação única resolverá vários problemas pontuais.

Este método é preconizado pela ISO9000, por 5S, por PDCA e outras técnicas já conhecidas, mas eu pessoalmente acredito que a solução está muito mais ligada a comportamento, sob a ótica psicológica, do que a métodos e técnicas. Nenhuma destas metodologias funcionam se você não estiver condicionado a investigar a origem do problema. Por conseguinte, comece hoje mesmo a criar em você próprio o hábito que poderá torná-lo um profissional mais importante para a empresa que lhe paga, ou, se for empresário, fará com que sua empresa cresça de forma mais acentuada do que seus concorrentes.

Resumindo, a questão é muito de disciplina, é de natureza psicológica e comportamental. Normalmente temos conhecimentos técnicos para resolver as questões, contudo é mais fácil resolver pontualmente do que aprofundar-se nas raízes da questão. Quando um cliente reclama da qualidade do atendimento de um funcionário, é mais fácil conversar com este cliente para torná-lo feliz do que treinar toda a força de vendas para não repetir a situação com outro cliente. Então, pense nisso: enquanto você pode estar sendo um tarefeiro, o seu concorrente pode estar sendo um estrategista resolvendo questões na origem, o que seguramente fará com que trabalhe menos e tenha mais e melhores resultados.

PRODUTIVIDADE EXTREMA

Quantas vezes vemos pessoas se destacando mais do que outras apesar de ter menos tempo disponível. Quantas vezes observamos que parece inacreditável como um determinado executivo, gestor ou líder consegue tempo para fazer tantas coisas – e isso nos incomoda por nos fazer pensar que não somos capazes.

O sucesso na carreira de um profissional está muito ligado à maneira como o mesmo administra o seu tempo, a como dispende horas de trabalho para as coisas que realmente são relevantes, sendo que para isso existem técnicas muito claras que são passadas em cursos de gestão do tempo.

Recentemente li um artigo na Harvard Business Review escrito por Robert C. Pozen, um renomado executivo de multinacional, em que discute algumas questões bastante pertinentes, as quais gostaria de compartilhar neste espaço em forma resumida.

Ele dá seis Princípios importantes para saber o que fazer primeiro:

1) SAIBA QUAL A SUA VANTAGEM COMPARATIVA: entenda que como líder você deve estar ciente de em que você é de fato muito relevante - o que deve ser feito apenas por você. Em que aspecto a empresa mais precisa de você neste momento? Concentre-se nestas coisas. Não perca tempo com coisas que outras pessoas possam fazer por você, delegue tudo aquilo que não for estratégico, treine as pessoas para que esta delegação se faça tranquila e serena. Não perca tempo com tarefas operacionais ao extremo, mas também não permita que as questões operacionais deixem de existir, fazendo com que os liderados as executem. Compare as suas habilidades com as de outras pessoas da empresa – com isso você entenderá melhor o quanto é importante em determinados aspectos, mas não em todos, dando-se assim mais foco no que realmente importa.

2) O QUE VALE NÃO É O TEMPO GASTO, MAS O RESULTADO PRODUZIDO: um profissional de alto desempenho foca nos resultados, e não na quantidade de horas que está dedicado ao trabalho. Ele está o tempo inteiro tentando produzir mais em menor tempo, e não se orgulha de ter que ficar até tarde da noite trabalhando, apesar de em certos momentos isso ser necessário. Desta forma, é importante que você analise tudo o que faz, crie métricas para aferir seu desempenho, crie maneiras de saber se está chegando a algum lugar. O profissional que não consegue sair do lugar é aquele que trabalha muito durante o dia, e no final da tarde ele mesmo não se lembra o que efetivamente produziu, pois foram dezenas e dezenas de coisas comezinhas, de pouca importância. Tirar férias e ter um final de semana agradável faz parte do planejamento de tempo. Afinal, não há vantagem alguma em consumir frequentemente o lazer com horas de trabalho, que isso é sinal de ineficiência.

3) PENSE PRIMEIRO; LEIA E ESCREVA DEPOIS: muitos líderes são sobrecarregados com o excesso de e-mails e materiais de estudo, e não conseguem fazer tudo que precisam porque alegam para si mesmos que não têm tempo. Primeiro se deve decidir que e-mail vale a pena ser lido. Os demais, após ler rapidamente apenas o assunto, delete-os. Depois veja os que precisam apenas ser lidos para ciência e não respondidos. Aliás, não responda e-mail desnecessariamente. Por último leia os importantes, e só responda instantaneamente os urgentes. Os demais pense, analise, e escreva objetivamente. Isso vale para as decisões presenciais, como acontece quando é interrompido com um assunto: se não for urgente, pare, pense e responda depois de forma objetiva, mesmo que este depois seja nos 30 minutos seguintes. Se tiver que escrever algo importante, tente começar pela conclusão, pois ficará mais fácil entender o que precisa escrever, não se alongando em excesso.

4) MONTE UM PLANO, MAS ESTEJA PRONTO PARA MUDÁ-LO: é muito importante que o líder tenha uma agenda de atividade por ordem de prioridade, e ainda com uma marcação do que não poderá deixar de ser feito. Costumo dizer que planejamento deve ser feito a lápis, pois poderá modificar quando necessário. Não se atormente em modificar algo, pois se você tiver o domínio das prioridades nada afetará o negócio. É importante não encher a agenda com compromissos de horários muito próximos, pois caso precise desmarcar algo não gerará tantos problemas. Guarde um tempo livre na agenda, pois precisará dele para escrever, pensar, refletir e planejar.

5) DEIXE CADA UM RESPONDER PELA PRÓPRIA ÁREA: o líder ficará sobrecarregado se quiser dar solução a tudo o que lhe é demandado. Uma boa estratégia é deixar que os subordinados pensem, que deem soluções, que apresentem propostas, para isso o gestor deve ter uma postura adequada em seus comentários nas reuniões. Não chegue numa reunião dizendo algo como: "Estamos com um sério problema, e quero que todos se envolvam desta ou daquela forma". Isso agrava a responsabilidade e gera sobrecarga de decisões mais à frente. É recomendável chegar nesta mesma reunião e dizer algo como: "Estamos com um sério problema, a minha percepção inicial é esta, mas preciso da opinião de todos para uma decisão conjunta, inclusive sobre o que incumbirá a cada um fazer para solução". Desta forma estará compartilhando responsabilidades, o que resultará em ser menos exigido no futuro. Deixe as pessoas trabalharem, pensarem e decidirem.

6) SEJA BREVE E SIMPLES: mantenha o seu foco na simplicidade, conduza as reuniões para não ultrapassarem 1 hora, faça o interlocutor gastar apenas 5 a 10 minutos contextualizando o assunto. Monte um padrão de regularidade. Ao chegar, primeiro leia o jornal técnico, em seguida os e-mail, para depois despachar com os subordinados seguindo a agenda de prioridades. Com efeito, ter uma rotina ajuda na produtividade. Revise todo final de tarde o que acontecerá no dia seguinte, e não se estenda demais em questões corriqueiras. Caso algo precise de muito tempo, pense primeiro, e depois convoque as pessoas para darem seu parecer. Saiba que ficar com muitas pessoas discutindo não só atrapalha o líder mas também os subordinados.

Sendo assim, podemos entender melhor alguns aspectos que fazem com que um líder eficaz seja mais produtivo, consiga mais resultados, e deixe de ser visto como um super-homem, mas apenas e tão-somente como alguém muito disciplinado.

SENSIBILIZANDO A EQUIPE A FAVOR DO CLIENTE

É bem fácil de compreender que o cliente é o centro de qualquer empresa, também é possível entender que o profissional que valoriza o cliente, que lê bem o coração deste, que dá atenção ao mesmo, está focando o elemento mais importante da empresa, e desta forma este profissional se torna muito mais importante para a companhia.

Contudo, pesquisas vêm demonstrando que a maioria dos profissionais ainda não entenderam que quanto mais se especializarem em compreender os clientes, mais vitais se tornam para a empresa em que trabalham. Similarmente, líderes de setores devem compreender que precisam fazer a equipe vivenciar situações reais com os clientes para que possam saber o quanto o trabalho individual contribui para a satisfação daquele que compra os produtos ou serviços da empresa.

Recentemente tive acesso a um artigo escrito por Adam M. Grant, professor da Wharton School da Pennsylvania, EUA, fruto de um estudo científico no qual é demonstrado que o contato com o cliente pode aumentar expressivamente a produtividade dos funcionários em função de sentirem que fazem parte de uma causa, que o seu trabalho contribui para melhorar a vida de alguém.

Todo ser humano quer ter um propósito na vida, não quer simplesmente trabalhar por trabalhar, quer contribuir com alguém, e desta forma a empresa e seus líderes devem gerar, por estratégia, o contato da sua equipe com o cliente e suas necessidades, problemas e soluções causando a sensibilização do profissional, fazendo-o mais feliz, motivado e produtivo, o que pôde ser comprovado por diversos testes e estudos. Os testes comprovaram que o trabalhador costuma encarar o usuário final, cliente, paciente, correntista ou a pessoa que é o consumidor do produto ou usuário do serviço como fonte mais confiável de inspiração do que líderes. Nos últimos 30 anos de sondagens do governo americano concluiu-se que a grande maioria dos trabalhadores identificou um trabalho socialmente relevante como a característica mais importante na busca de um emprego.

O banco Wells Fargo mostra aos funcionários vídeos dos clientes contando como os empréstimos ajudaram a comprar a casa própria. Uma universidade americana leva estudantes de bolsa de estudos para contar à equipe de telemarketing de captação de doações como o trabalho destes profissionais foi importante na vida deles, elevando em 171% a produtividade no sucesso obtido. Na Medtronic, na festa de final de ano, levam-se pacientes que foram beneficiados com as tecnologias médicas da empresa para narrar suas histórias. Na Let's Go Publications, onde equipes de editores trabalham em guias de viagens, gerentes fazem circular cartas dos leitores relatando como o trabalho deles tornaram as viagens mais prazerosas. Na Microsoft, líderes descobriram que um contato pessoal pode ajudar programadores de software a adotar o ponto de vista do usuário final, aumentando assim o sucesso destes sistemas.

Um dos experimentos mais impressionantes do artigo demonstra como as pessoas são preocupadas com uma causa, com os outros, com os serviços prestados, contrariando teses de que os trabalhadores só pensam em si. Em um hospital, onde embora profissionais da área médica estejam cientes da importância da higiene, muitos estudos demonstram que lavam as mãos com apenas um terço da frequência que deveriam. No hospital todo, fixaram-se cartazes perto de lavatórios e dispensadores de gel para médicos e enfermeiros. O primeiro dizia: "Proteja-se de doenças. Lave as mãos". No segundo, o "proteja-se de doenças" foi trocado por "proteja o paciente". Foi monitorado o uso do sabão e gel por duas semanas após a afixação dos cartazes. E a surpresa veio ao se descobrir que o segundo cartaz, referindo-se ao paciente, produziu um aumento médio de 33% no uso de sabão e gel; já o primeiro cartaz não teve efeito algum. O estudo sugere que a simples menção do usuário final pode tornar mais vívidas as consequências do trabalho do indivíduo e produzir um aumento em comportamentos benéficos.

Desta forma chega-se à conclusão de que há três mecanismos básicos funcionando no cérebro do trabalhador:

1) IMPACTO: o funcionário vê, por si mesmo, como seu trabalho beneficia os outros. É algo fácil de ser percebido mediante o contato com o cliente.

2) APRECIAÇÃO: o funcionário se sente valorizado pelo usuário final, sente que o esforço está valendo a pena.

3) EMPATIA: o funcionário adquire uma noção mais profunda dos problemas e das necessidades do usuário final, e com isso empenha suas energias em ajudá-lo.

Sendo assim, é importante que os líderes tenham a certeza de que uma liderança inspiradora e o contato com o usuário final agem em conjunto para produzir um melhor desempenho, medido tanto em termos de receita como de avaliação pelos supervisores. O usuário final complementa, em vez de substituir, a liderança, dando vida à visão do líder e fortalecendo a convicção, no funcionário, de que sua contribuição importa.

Porém, não se deve crer que todos os funcionários terão a mesma reação ao ter contato com o usuário final, sempre existem aqueles que não se sensibilizam com esta experiência. Há a certeza, no entanto, de que estas pessoas são minoria. A grande maioria dos trabalhadores quer se sentir parte de algo, quer ter a certeza de que está fazendo algo em benefício de alguém, quer que seu trabalho tenha valor para o usuário.

É importante que o líder analise dentro do seu negócio quais são as possíveis experiências dos clientes que podem ser compartilhadas com os funcionários para que os mesmos sintam a importância do seu trabalho. Uma indústria fabricante de banheiras de fibra de vidro poderia reunir os operários da montagem, no chão de fábrica, para ouvir um cliente relatar a importância de o produto chegar ao usuário final em perfeito estado. Uma clínica veterinária poderia pegar depoimentos de proprietários de cães que fizeram banho e tosa para relatar o quanto ficam felizes quando os animais são bem tratados neste momento, transmitindo para as tosadoras a importância do trabalho das mesmas. Um escritório de contabilidade poderia reunir todos os funcionários para escutar um cliente importante dizer o quanto a empresa dele melhora com o trabalho de todos sendo bem executado. Ou ainda, colocar como meta para todos os gerentes que toda reunião comece invariavelmente com um caso de sucesso, um depoimento positivo da importância da empresa na estrutura do cliente, algo rápido, sucinto e objetivo, mas que passe a mensagem desejada.

Na Alterdata, empresa de software que dirijo, grande parte das pessoas possui contato direto com o cliente, mas mesmo assim, nem todos entendem perfeitamente o quanto a qualidade do trabalho de cada um torna a vida do usuário melhor. Iniciativas são feitas continuamente para que grande parte tenha contato com o cliente não apenas para atendê-lo, mas essencialmente para entender a sua necessidade, compreender frustrações e expectativas, ou seja, saber o que ele espera. Os líderes possuem metas pessoais de dispender tempo com o cliente observando o usuário utilizar os softwares e os serviços da empresa. Cada elemento deste tem uma finalidade psicológica com o grupo inteiro, que é fazer todos se sentirem parte de um todo, se sentirem gestores para o sucesso de uma "causa", e não que cada um se veja como um tarefeiro, como alguém que não pensa, apenas faz.

Então, o empresário precisa ter a certeza de que é importante colocar sua equipe em contato com o cliente, tendo a experiência do relacionamento com este, mesmo que esporadicamente. O funcionário, seja um gerente ou não, tem que ter em mente que, quanto mais contato com o cliente ele tiver, mais entenderá a necessidade e expectativa deste que, vale repetir, é o elemento mais importante da empresa, fazendo com que se torne um profissional alinhado com os mais modernos princípios de gestão, na qual o cliente está no centro do negócio.

Desta forma, concluo que uma empresa de sucesso é a que pensa nos clientes, mas para isso precisa que seus profissionais também pensem neles em cada tarefa que estiverem executando.

TÁTICAS PARA VENDAS DE SERVIÇOS

Independentemente do tamanho da empresa – desde pequenos representantes a gigantes provedores de serviços e distribuidores de soluções avançadas e complexas de alto custo – todos podem alavancar a conversão nas vendas de serviços seguindo umas poucas dicas que fazem enorme diferença na perspectiva dos potenciais clientes.

Uma venda de serviços tem por objeto algo intangível, algo que repousa sobre a presunção de qualidade, aquilo que o cliente olha e acredita que tem a chance de ser bom. Lembre-se de que antes de você ser bom, tem que aparentar ser. Isso vale para qualquer profissional de serviços: advogados, médicos, arquitetos, produtores de softwares e outros, todos precisam vender algo intangível de que o cliente só terá conhecimento após prestado o serviço, razão por que é necessário ter muito mais habilidade para que lhes dê crédito. Se quiser pode chamar de confiabilidade.

A maioria das técnicas podem ser aplicadas em reuniões com os executivos que decidem sobre a aquisição das soluções. Veja quais são:

1) FOCAR NO QUE É RELEVANTE PARA O SEU CLIENTE

CTOs, CIOs e CMOs não têm interesse predominante em detalhes técnicos. O que chama a atenção são números, previsões de faturamento e como o produto ajuda a alavancar os negócios e destruir possíveis gargalos. Informações técnicas são importantes, contudo, cabe evitar que o foco da conversa se concentre nestes tópicos no momento de persuadir um cliente a assinar o pedido de vendas.

2) MOVA A EMOÇÃO DO CLIENTE

O caminho mais curto para a conclusão de negócios é o das emoções. Ao oferecer um serviço ou uma solução, existe uma série de aspectos – incluindo os de ordem emocional – que são decisivos. Nessa hora, vale a pena pensar na Apple. Em cada produto que traz a logomarca da maçã mordida estão embutidas expressões de estilo e de personalidade. Ao vender o produto, o executivo deve levar em consideração que não vende placas com transistores e cabos. Ele vende soluções e agilidade, no sentido mais elementar dos termos.

3) O COMPROMISSO

Não é negativo perguntar ao cliente que solução ele deseja adquirir, quando quer o produto entregue e a que preço. De posse da resposta, pode repetir as informações e perguntar se o cumprimento dessas condições é garantia para uma avaliação positiva. Por motivos óbvios é aconselhado que sejam cumpridas as condições acordadas – e por ambas as partes. Sendo assim, enfatizar o seu compromisso pessoal com a proposta da empresa ajuda bastante.

4) PERSONALIZAR AS PROPOSTAS

Ofertas padronizadas, nos moldes de anúncios publicitários, não são a maneira ideal de vender soluções especiais. Recomenda-se aos executivos comerciais que entendam direito as necessidades dos clientes e que concentrem o discurso da proposta comercial nos aspectos que destaquem o conhecimento sobre o negócio, fazendo propostas que deixem clara a personalização, a individualização.

5) USAR TESTEMUNHO EM SEU FAVOR

O papel aceita qualquer informação, o que não é o caso do cliente, normalmente receoso em acatar as informações exibidas em folders e em websites. A melhor maneira de contornar essa relação de desconfiança é agregar testemunhos de outros profissionais relevantes no segmento de atuação da organização do cliente. Uma dica para elevar as chances de conversão consiste em substituir o panfleto por uma relação de clientes atualizada. Contas que saíram de sua carteira de clientes não podem ser apresentadas como ativas.

6) CHAMAR ATENÇÃO PARA OS RISCOS

Uma boa tática é deixar claros os riscos por não se ter uma solução compatível com a que você está oferecendo, ou seja, além de falar as coisas boas que ele terá com a aquisição, destaque também as coisas ruins resultantes de não adquirir. Existem pessoas que enxergam melhor quando se fala coisas boas, ao passo que outras pessoas tomam melhores decisões quando percebem um risco provável ou iminente. Então, não hesite em dar as duas visões.

7) PROVOCAR O CLIENTE

Pedir ao cliente que detalhe a solução que deseja, forçar fazendo perguntas abertas fará o mesmo relatar com emoção o que espera e o que não deseja que aconteça. Estas são maneiras de provocar engajamento em nível mais profundo. Ações como essas têm o poder de abrir os caminhos entre o cliente e a fornecedora por denotar substancial interesse recíproco.

TÉCNICAS DE GESTÃO DE TEMPO

Gerir bem o tempo pessoal é peça fundamental em nossa carreira, permitindo-nos fazer mais coisas importantes e com isso ter melhores resultados. Nem todos, porém, administram bem o seu tempo no lado profissional e menos ainda no aspecto pessoal, até porque a percepção do tempo é relativa. Albert Einstein disse textualmente o seguinte: "Quando pomos a mão em um fogão aceso por um minuto, parece uma hora, e quando estamos sentados ao lado de uma linda rapariga por uma hora, parece um minuto".

O tempo é "invisível", "insubstituível", "Consumido logo que recebemos", "Não é possível de não se utilizar", "Não passível de compra, aluguel, fabricação ou reciclagem". Enfim, é algo que precisamos saber gerir gostemos ou não, o que fica bem claro na definição de Peter Drucker: "O tempo é o recurso mais escasso e, a não ser que seja gerido, nada mais poderá ser gerido..."

Normalmente as pessoas que são top de linha em suas respectivas carreiras são profissionais que parecem ter mais de 24 horas em seus relógios, que dão a sensação de que fazem coisas além do normal, que se envolvem em mais coisas de que o ser humano convencional, porém o que simplesmente acontece é que estas pessoas têm uma disciplina maior com a gestão do que farão por ordem de prioridades, visto que possuem algo importante para a gestão do tempo: sabem DIZER NÃO para coisas que consomem minutos preciosos, sabem priorizar até mesmo a hora de não fazerem nada, de divertirem-se, de relacionarem-se em negócio ou lazer. É importante observar que dentro das empresas existem pessoas prolixas, que levam 30 minutos para falar coisas que outras levariam 5, o que não só atrapalha o trabalho desta pessoa como também o seu. Sendo assim, procure dar foco para estas pessoas, vá direto ao ponto, não perca tempo com rodeios.

Estas pessoas entendem que "a distribuição do tempo varia em função do tempo disponível e não do tempo necessário".

Um dos elementos a que precisamos ficar continuamente atentos são os ladrões do tempo: pequenos eventos que acontecem diariamente que nos tiram do foco do trabalho, como mensagens instantâneas, barulhos, telefonemas inesperados, colega ao lado, enfim, elementos que nos distraem no dia a dia. Não acho que as pessoas tenham que ser um robô que não vê nada ao seu redor, até porque o bom profissional está atento ao ambiente em que está inserido, e é exatamente aí que está uma das grandes virtudes das pessoas que administram bem o que devem fazer, pois é muito tênue a linha entre estar observando o ambiente e estar SOMENTE observando o ambiente. Quando você está "somente" observando o ambiente, não está fazendo suas coisas que precisam ser feitas. Antes, está prestando mais atenção no todo do que na parte que lhe compete. O contraponto – e o contrassenso - é quando você está apenas fazendo a sua parte, sendo assim um bom tarefeiro, mas não está vendo o ambiente mudar, o que pode ser péssimo para a carreira. Desta forma, importa aprender a ser excelente executor do que precisa ser feito, e deve dizer NÃO para tudo o que observar que está tomando o seu tempo sem propósito. Por exemplo, se está executando uma tarefa muito importante e dois colegas que sentam ao seu lado lhe colocam numa conversa que estão tendo, dá para você notar em segundos se o tema é relevante; caso não seja, deve dizer claramente que precisa retornar ao que estava fazendo, desperdiçando assim muito pouco tempo.

Outro forte consumidor de tempo são as reuniões. Muitas pessoas não sabem preparar e coordenar reuniões, tornando este momento demorado e improdutivo. É importante se ter uma pauta clara e objetiva, mas mais importante ainda é ter um horário para começar e acabar, sendo seguidos rigorosamente.

Um outro consumidor de tempo relevante são os subordinados que não possuem autoridade ou coragem para tomar decisões. Em grande parte das vezes o problema está no líder que não se sente confortável em delegar uma tarefa por insegurança ou autoestima, sendo assim muito importante entender o que se pode delegar com segurança para que o tempo seja distribuído por outras pessoas. Já tratei deste tópico de delegação em artigo que está publicado no facebook (https://www.facebook.com/ladmir.carvalho/notes).

Como diretor e fundador da Alterdata Software, uma empresa que possui mais de 1.000 funcionários, tendo mais de 100 gerentes e supervisores, preciso estar permanentemente atento ao fato de que estes líderes saibam usar o seu tempo de forma inteligente, razão por que estudo e observo bastante sobre o assunto, o que me leva a concluir que um dos maiores problemas da má gestão do tempo é empurrar para frente as coisas que não gostamos de fazer. Isso acontece com todos os seres humanos: nem tudo o que temos que fazer é o que gostamos de fazer, e aí começa um grande problema, pois se temos uma lista de tarefas para o dia, semana ou mês, a tendência natural é irmos executando o mais legal, bacana, que dominamos mais, em que brilhamos mais, que nos torna mais reconhecidos, jogando para o final do prazo a execução do que não gostamos, o que está fora de nossa zona de conforto. Então, uma dica muito importante é você ter a sua lista de tarefas classificada pelo que precisa ser feito, independentemente de gostar ou não. Coloque em ordem numérica, e à medida que vá executando, observe se está deixando para trás coisas de grande importância. Isso o fará refletir o quanto está perdendo o foco no que realmente precisa ser feito. Isso o ajudará até mesmo a pedir eventual apoio aos outros para executar algo extremamente relevante. Não jogue para frente a grande prioridade. Defina as prioridades por dia, semana e mês, para com isso saber o que obrigatoriamente tem que ser feito no dia de hoje. Lembre-se de que, ao deixar algo importante para amanhã, esta coisa se tornará urgente nos próximos dias, o que complicará o seu tempo no futuro. Procrastinar uma coisa que precisa ser feita traz problemas, o que fica claro pela própria definição de Procrastinação na enciclopédia Wikipedia: "Procrastinação é o diferimento ou adiamento de uma ação. Para a pessoa que está procrastinando, isso resulta em estresse, sensação de culpa, perda de produtividade e vergonha em relação aos outros, por não cumprir com suas responsabilidades e compromissos".

Um elemento importante que deve ser compreendido é quando enganamos a nós mesmos com justificativas sem sentido, como acontece quando dizemos: "Não iniciarei isso sem ter todas as informações", apesar de raras vezes esta afirmação ter sentido, visto que na grande maioria dos casos trata-se apenas de uma forma de empurrar a coisa para o amanhã por perfeccionismo, sem observar que o ótimo é inimigo do bom, sem se tocar que o todo é feito de várias partes, desconsiderando que tudo tem começo, meio e fim. Conheço pessoas que se acham tão boas em algo que nunca se julgam prontas para começar e concluir algo – o que é grave demais na carreira por não usarem o tempo para as coisas que precisam ser feitas.

Como o processo de gestão do tempo tem a ver com disciplina, crie o hábito de analisar no final do dia a sua lista de tarefas executadas, analise não só o que fez, mas, mais importante ainda, o que não fez. Com isso entenderá rapidamente quais foram as coisas que tiraram o seu foco e consumiram o seu tempo. A cada dia que fizer estas reflexões estará criando um mecanismo mental para se proteger dos ladrões do tempo. Lembre-se de que o ser humano é formado principalmente do que está no seu subconsciente, e este lado do cérebro precisa ser condicionado pelo que queremos. Entender claramente, todos os dias, o que está consumindo o nosso tempo, fará com que no dia seguinte melhore sua gestão. A grande maioria das pessoas simplesmente passam o dia, e não administram o dia.

Em vista disso, sugiro que forme os seus hábitos de distribuição do tempo com os seguintes elementos:

- O que gostamos e o que não gostamos de fazer?
- O que é mais rápido e o que é mais lento de ser feito?
- O que é mais fácil e mais difícil de ser executado?
- O que sabemos e não sabemos fazer, mas precisa ser feito?
- O que é urgente e o que é importante?

Existem inúmeras metodologias para administrar estas tarefas, mas creio que uma bem simples, que pode ser aplicada sem qualquer tecnologia, é usar os quadrantes abaixo para estabelecer as prioridades:

	Atividade B esperar delegar	Atividade A executar imediatamente
Importante		
Secundário	Atividade D pode ser procrastinado	Atividade C executar em tempo disponível
	Não Urgente	Urgente

Todas as tarefas e atividades que estiverem no quadrante A deverão ter alta prioridade, pois são IMPORTANTES e URGENTES: estas devem receber atenção redobrada. Cada tarefa que estiver dentro de um determinado quadrante dever ser alvo de atenção proporcional à respectiva importância e urgência.

Outro método importante é o GTD (Getting Things Done), muito aplicado nos EUA, que consiste resumidamente em três elementos:

■**Use uma agenda:** a agenda deve conter tudo que você tem que fazer, lembrar ou cobrar em um determinado dia ou semana. O critério para os agendamentos é "do or die" ("faça ou morra") e não uma lista de desejos.

■**Faça um planejamento semanal:** escolha uma hora de qualquer dia e faça um planejamento semanal bem estruturado. Revise a semana que passou. Cheque quantas reuniões você tem. Se precisar preparar algo para reuniões, bloqueie o calendário. Revise sua lista de projetos e questione-se com relação ao que você precisa fazer com vistas a cada um deles na próxima semana. Revise outras listas e verifique as respectivas providências. "Se a semana ficou factível, você terá uma semana produtiva. Do contrário, retire algumas tarefas do seu calendário", recomenda Welter.

■**Crie uma biblioteca de informações:** formule diversas listas – de todos os projetos, com tarefas a fazer ou documentos a providenciar; dos assuntos a tratar com terceiros; das atividades de trabalho pontuais, sem data nem horário; das tarefas da sua vida pessoal; de itens que esperam resposta; de tópicos variados, como livros que deseja ler ou filmes que quer assistir.

Então não deixe que coisas IMPORTANTES se tornem coisas URGENTES – isso destruirá o seu planejamento e consumirá um tempo excessivo.

Agora, quando vir um profissional fazendo mais do que é possível, não ache que o mesmo é um workaholic (profissional que só pensa em trabalhar); tente entender como o mesmo administra o seu tempo no trabalho e na esfera pessoal. Tenho certeza absoluta de que você aprenderá muito apenas observando os que são feras na gestão do tempo.

TÉCNICAS DE REUNIÃO

Toda empresa vive de ações coordenadas de pessoas, e estas pessoas precisam se falar frequentemente, o que normalmente é feito em encontros ou reuniões. As reuniões são os momentos de alinhamento da equipe, são momentos importantes que não podem ser desperdiçados.

Toda reunião nada mais é do que um conjunto de pessoas conversando sobre um determinado assunto, então:

■**Temos que ter um assunto.** É importante que a reunião tenha uma pauta por escrito para que todos saibam com antecedência o que será discutido.

■**Temos que ter as pessoas.** De modo que é importante convidar a todos com antecedência, não deixar para cima da hora. Algumas pessoas precisam se preparar para a reunião, levantar dados, pesquisar coisas. Contudo, sabemos que existem exceções, situações em que precisamos resolver rapidamente determinado assunto. Não sendo assim, a convocação urgente deve ser a exceção.

■**Temos que ter um tempo determinado.** Todos têm suas funções e não podem ficar discutindo determinado assunto o dia inteiro, razão pela qual o controle do tempo é fundamental.

■**Temos que ter conclusões da reunião.** Normalmente as reuniões são para decidir coisas para a melhoria de algo. Logo, algumas medidas precisarão ser tomadas após o que for decidido, às vezes nos dias seguintes, às vezes nos anos seguintes, de sorte que é importante ter uma ata do que foi resolvido na qual deverá constar a responsabilidade de cada um, o que cada um fará e em quanto tempo. Existem reuniões que são apenas informativas, quando por exemplo o líder quer dar uma notícia, e neste caso não se delibera sobre medidas, porém este caso não é do tipo que mais frequente.

■**Temos que respeitar as pessoas.** Se estamos chamando alguém para uma reunião é porque ela tem importância, e por conseguinte queremos ouvi-la. Assim, o líder não deve ficar falando sem parar, precisa incentivar a participação de todos. Quando alguém suscitar uma ideia idiota, infeliz, fora do contexto, o líder não deve expor esta pessoa na frente dos demais, isso só acontecerá se a pessoa ficar insistindo demasiadamente no assunto que o líder já sinalizou não ter sentido. Então, deverão as pessoas prestar atenção nos sinais do líder. Não expor não significa que o líder deva deixar passar situações que possa usar como exemplo para outros. Caso típico é quando o líder pergunta uma coisa e a pessoa responde de modo evasivo, querendo se esquivar ao invés de reconhecer o erro, ou mesmo tenta enrolar não dizendo concretamente nada.

■**Em geral as reuniões devem ser colaborativas.** Destarte, cabe às pessoas também ajudarem, falando, participando e deixando os colegas participarem: uma pessoa que fica interrompendo as outras reiteradamente deve ser contida pelo líder, dando vez a todos de manifestarem suas opiniões.

Tenham a certeza de que uma pessoa que conduz bem uma reunião não nasceu com esta habilidade, mas sim foi treinada para este objetivo. A pessoa que está preparada para tal conduz uma reunião sem que os outros percebam que estão sendo conduzidos. Isso acontece muito em reuniões com os clientes, onde não está claro quem assumirá o comando naquele momento. É importante assumir o controle da reunião sempre que possível, mas, tenha cuidado: se você foi convidado para a reunião, deve haver alguém hierarquicamente superior a você, ou um cliente importante na mesa, quem sabe alguém com mais poder do que você, o qual, em tese, poderia sentir-se afrontado com sua eventual ansiedade de comando.

Sou da opinião que precisamos comer com talheres corretos em casa para que, quando formos comer em público, saibamos como fazer. Existem pessoas que pensam o contrário: acham que em casa podem fazer tudo errado, por estarem em casa, e desta forma, quando vão a um restaurante, não sabem o que fazer com os talheres e diversos copos sobre a mesa. De modo que é importante praticar dentro de casa, na empresa em que você trabalha. Assim, quando for ter uma reunião importante com o cliente, fornecedor, colegas de trabalho ou outro parceiro, procederá de modo digno de admiração. Por experiência percebo que as reuniões em geral são na verdade monólogos, onde o líder insiste em deitar verbo, falando ininterruptamente, constrangendo toda a equipe de participar, o que não é positivo para a companhia. Para exemplificar, encontrei uma matéria em uma Revista HSM antiga, escrita por RAM CHARAN, que focalizava a sábia atitude de um presidente de empresa que vale a pena considerar para entender que o interesse do líder não deve ser ridicularizar ninguém, mas sim dar mais embasamento para aprofundar o assunto:

"Não faz muito tempo, pude observar o poder de diálogo do líder na hora de moldar a cultura da empresa. O cenário era a sede de uma grande multinacional americana. O chefe de um dos maiores braços do grupo estava apresentando sua estratégia ao presidente e uma equipe de altos gerentes. Num tom confiante, quase arrogante, o executivo esboçou uma estratégia para levar a divisão do terceiro ao primeiro lugar no ranking europeu. Era um plano ambicioso que dependia de um avanço rápido e considerável na fatia de mercado na Alemanha, sede da principal concorrente – por sinal, quatro vezes maior que a divisão da empresa americana. Depois de parabenizar o executivo pelo caráter inspirador e visionário do discurso, o presidente iniciou um diálogo para ver se o plano era realista.

– Como, exatamente, você vai ganhar esse mercado adicional?, indagou.

– Que alternativas você considerou? Que clientes você pretende conquistar?

O chefe da divisão não tinha ido tão longe. O presidente voltou à carga:

– Você definiu as necessidades do cliente de um jeito novo, único? Quantas pessoas há em sua equipe de vendas?

– Dez, respondeu o executivo.

– E na principal concorrente?

– Duzentas, disse constrangido.

O presidente não amolecia:

– Quem chefia a filial da Alemanha? Não é um sujeito que até três meses atrás estava em outra divisão?

Se a conversa tivesse parado ali, o presidente teria apenas humilhado e desanimado o executivo – e indiretamente comunicado aos demais ali presentes que o risco de pensar grande era inaceitavelmente alto. Mas o líder não tinha interesse em matar a estratégia e desmoralizar a equipe da divisão de negócios. Quisera, com toda aquela indagação, injetar certo realismo no diálogo. Sem irritação e rudeza, foi bem direto: disse ao executivo que era preciso mais do que bravatas para enfrentar uma concorrente alemã daquele nível em seu próprio campo. Em vez de partir para um ataque frontal, sugeriu o presidente, por que não buscar pontos fracos da rival e batê-la na velocidade de execução? Haveria brechas na linha de produtos da concorrente? Seria possível inovar para preencher esses vãos? Que cliente tenderia a comprar um produto desses? Por que não mirar essa clientela? Em vez de tentar ganhar espaço no mercado todo, que tal ressegmentar o mercado? De repente, o que parecera um beco sem saída se abriu a novas ideias. Ao fim da reunião, estava decidido que o gerente iria repensar a estratégia e voltar em 90 dias com uma alternativa mais realista. Uma figura vital, cuja proposta estratégica fora cabalmente rejeitada, deixou o recinto energizado, desafiado e mais sintonizado ainda com a tarefa em maõs."

No caso acima dá para perceber bem a inteligência e habilidade do líder ao lidar com uma situação em que, apesar de ter sua ideia rejeitada, o liderado, não obstante, saiu energizado, com uma visão positiva.

Em função disso, fiz algumas pesquisas sobre o assunto para ajudar os líderes nas quais encontrei um pequeno texto capaz de projetar alguma luz sobre o assunto.

INIBIDORES DE DIÁLOGO

Se o diálogo não motiva as pessoas e não serve para focar o trabalho delas, a causa poderá ser uma das que se seguem:

■CONVERSA DE SURDOS

Sintoma: reina a confusão. Reunião termina sem definição do passo seguinte. Cada um interpreta a discussão à sua maneira e em proveito próprio, e ninguém pode ser responsabilizado mais tarde por metas não cumpridas.

Solução: para dar uma conclusão à reunião, certifique-se de que todos saibam quem vai fazer o quê, e até quando. Se preciso, ponha tudo no papel. E seja específico.

■GARGALOS DE INFORMAÇÃO

Sintoma: incapacidade de trazer à tona toda informação relevante. Fato ou opinião importantes vêm à luz depois de tomada a decisão, o que reabre o debate. O padrão é recorrente.

Solução: garantir, em primeiro lugar, a participação das pessoas certas. Quando descoberta uma informação que faltava, dissemine-a imediatamente.

Torne expressa a expectativa de franqueza e abertura com a pergunta: "Estamos esquecendo de algo?" Use coaching e sanções para corrigir a sonegação de informações.

■PERSPECTIVAS BITOLADAS

Sintoma: indivíduos ficam presos a visões estreitas e a interesses próprios e não reconhecem que os interesses dos demais também são válidos.

Solução: consulte a opinião dos envolvidos até ter certeza de que todos os lados da questão foram ouvidos. Reitere o objetivo comum para manter todos focados no quadro geral. Gere alternativas. Use o coaching para mostrar como o trabalho de cada um contribui para a missão maior da empresa.

■TUDO LIBERADO

Sintoma: por não orientar o fluxo da discussão, o líder permite que comportamentos negativos vicejem. Surgem "extorsionistas", que mantêm todo o grupo como refém até que sua opinião seja aceita. Há também os "dispersos", que saem pela tangente, que reciclam o passado com muletas do gênero: "Dez anos atrás, quando fiz essa mesma coisa..."; ou firmam compromissos sem nenhuma intenção de honrá-los; e "dissensores", que abrem brechas num grupo ao buscar apoio para seu ponto de vista fora do mecanismo operacional vigente, ou que engatam discussões paralelas durante uma reunião.

Solução: o líder deve exercer sua força interior. Para tanto, deve estar sempre reiterando que comportamento é aceitável, aplicando sanções a quem insiste em adotar uma postura negativa. Se uma penalidade menos severa não der resultado, o líder deve estar disposto a excluir o infrator do time.

Ladmir Carvalho

TESTES DE MERCADO INTELIGENTES

Qualquer negócio no mundo atual exige mudanças regulares, tendo em vista que os clientes internos e externos mudam de comportamento o tempo inteiro, têm necessidades distintas em função de alterações de cenários, os concorrentes se movimentam de forma imprevisível, afetando destarte a operação da empresa.

Quantas vezes você percebe que está perdendo clientes, que não está mais agradando a maioria, que o faturamento está caindo, e não consegue entender claramente o motivo. Muitos clientes me questionam sobre elementos estratégicos para mudar sem erros. Pesquisando sobre o assunto encontrei vários artigos de renomados doutrinadores, entre eles uma matéria escrita por Eric T. Anderson e Duncan Simester, o primeiro titular da cadeira de marketing da Northwestern University e o segundo, professor do MIT, ambos nos EUA, artigo este publicado na Harvard Business Review, no que fiz ajustes para nossa realidade.

Fato é que as mudanças são necessárias, mas não as execute sem fazer um experimento confiável e com metodologia. Na maioria das vezes, não precisa contratar uma consultoria para lhe ajudar neste processo, basta entender algumas regras para se ter certeza das medidas fortes e eficazes a serem tomadas. O experimento significa testar modelos, simular situações envolvendo o maior número de interações com o cliente.

Pense como um cientista, questionando tudo, levantando hipóteses absurdas, criando cenários aparentemente fora de contexto, e siga as regras abaixo:

1- FECHE O FOCO EM INDIVÍDUOS E NO CURTO PRAZO: os experimentos mais precisos envolvem ações voltadas a clientes isolados, e não a segmentos ou regiões. Faça questionamentos que os clientes possam responder imediatamente. Escolha um universo limitado de clientes para fazer o teste, seja este de um produto novo, uma nova política de preço, uma forma de atender diferente, mas questione objetivamente para ter conclusões no curto prazo.

2- NÃO COMPLIQUE: opte por testes fáceis e feitos com a sua própria equipe. Mudanças complexas de estrutura e pessoal para fazer um experimento podem ocasionar custos proibitivos. Caso o resultado não seja profundo o suficiente, vá fazendo outros mais detalhados, mas não faça a primeira avaliação ampla demais, de sorte a atingir resultado mais rápido com o menor custo.

3- COMECE TESTANDO A PROVA DE CONCEITO: quando fizer um experimento, determine as variáveis mutáveis para com isso ter certeza de que todo o modelo está sendo controlado. Por exemplo, se quer testar um modelo diferente para vender um dado produto, poderia considerar as variáveis **vitrine, preço, treinamento do vendedor, material promocional, divulgação na mídia, descontos especiais** e outros. Daí, quando o resultado acontecer, o teste terá que dizer quais variáveis alteraram o resultado para cima ou para baixo.

4- QUANDO O RESULTADO CHEGAR, DISSEQUE OS DADOS: é importante explorar todas as possibilidades que o experimento oferece, não concluindo nada sem espremer ao máximo a informação. Se você é dono de uma academia de natação e está testando um novo formato de cobrança do serviço, talvez o experimento precise dividir os clientes entre homens, mulheres, crianças... Talvez seja relevante saber os clientes com mais de dois anos de casa; talvez seja significativo saber a que distância moram da academia. Agora, grupos podem ser cruzados entre si quando você estiver dissecando os dados, pois as mulheres com mais de dois anos como clientes que moram perto podem ter um comportamento que viabilize certos serviços. Então tenha certeza de que precisará analisar, analisar e analisar... com calma.

5- TENTE PENSAR "FORA DA CAIXA": normalmente a tendência do gestor é apenas incrementar algo que já existe, mas o que fará realmente a diferença é pensar completamente diferente do que está sendo feito hoje – e um bom experimento ajudará neste contexto. Exemplo disso foi o supermercado britânico Tesco, que descobriu que valia a pena promover alimento orgânico junto a consumidores que compravam alpiste, ou seja, pensou fora de todos os padrões para fazer o experimento. Ou ainda a Toys R Us, varejista gigante de brinquedos nos EUA que descobriu que deveria mudar as posições das gôndolas que continham os lançamentos em determinado horário do dia, quando as mães saíam dos colégios com os filhos e visitavam a loja.

6- MEÇA TUDO O QUE IMPORTA: se está querendo vender mais um produto, o resultado não deve ser apenas o volume de vendas, por exemplo.

Medir todos os aspectos possíveis é fundamental. Pode ser que determinado grupo do experimento comprou mais com mais prazo, comprou mais com mais regularidade, comprou mais se teve acesso a determinada informação, enfim, são múltiplas as variantes que devem ser consideradas para uma conclusão efetiva. Desta forma, não espere uma única resposta, mas busque olhar 360 graus em volta do resultado.

7- BUSQUE EXPERIMENTOS NATURAIS: existem situações que acontecem habitualmente que se forem medidas com critério já serão ótimos experimentos, totalmente naturais, e o melhor, sem custos. O segredo para identificar e analisar experimentos naturais é achar grupos experimentais e de controle surgidos por algum fator externo. Clientes em regiões geográficas distintas, com poderes aquisitivos diferentes, com necessidades próprias, poderão dizer muito do que devemos ou não fazer. Mudanças de legislações, novos impostos, um novo concorrente ou outro fator externo qualquer poderão propiciar uma excelente oportunidade de fazer experimentos.

Para finalizar, outro elemento muito importante de ser administrado são os obstáculos internos, pois pensar diferente, fora do quadrado, fará com que haja uma natural resistência dos profissionais internos, que normalmente insistirão em pensar nos moldes em que se sintam mais confortáveis, ou seja, pensar da mesma forma de sempre. Lembraria, no entanto, que o concorrente pode estar sendo mais ágil do que a sua empresa.

VENDAS PARA CLIENTES DIFERENTES

Qualquer que seja a profissão que tenhamos, estamos vendendo o tempo inteiro, estamos tentando convencer alguém de nossa capacidade profissional, que temos um produto ou serviço adequado à situação do cliente. Contudo, percebemos que algumas pessoas têm mais sucesso do que outras neste processo, o que certamente deve ter uma explicação lógica.

Ao longo de 26 anos de profissão como desenvolvedor de software para o mercado corporativo, e tendo contato com todo tipo de profissional, percebo nitidamente que as pessoas de maior sucesso são aquelas que conseguem demonstrar o seu produto na hora da venda de acordo com o perfil do comprador. Lendo diversos artigos de diferentes fontes relacionados à minha experiência pessoal, posso afirmar que existem inúmeras maneiras de perceber com quem estamos lidando durante uma venda, valendo-se de técnicas de neurolinguística. Porém, para facilitar a compreensão, decidi arrolar dez dicas para se aproximar de alguns dos perfis mais comuns que existem no mercado.

■Cliente SIMPÁTICO

Este cliente deixa o ambiente descontraído, atende o vendedor muito bem, sempre sorrindo, dando a falsa impressão que comprará o nosso produto ou serviço. A conversa precisa ser alegre e descontraída como forma de aproximação. Não se deve ter a ilusão que está com o negócio fechado antes da hora, pois da mesma forma que este cliente trata bem ao escutar, tratará de igual forma o vendedor ao dispensá-lo com abraço e tapinha nas costas. Seja CUIDADOSO com este cliente, não deixe que disperse, não misture simpatia com intimidade, seja sempre agradável e educado.

■Cliente IMPULSIVO

Tem uma característica imprevisível, pensa em flashs, o que pode tornar a apresentação do vendedor desconexa e sem sentido se você se deixar levar pelo ritmo do cliente. É importante ser ágil e FLEXÍVEL. Este cliente quer mandar. Se interromper o vendedor, não tem problemas, dê a informação que está querendo e retome o seu ritmo. Depois de fechar a venda, despeça-se rápido, pois o cliente impulsivo pode mudar de ideia a qualquer momento.

■Cliente CÉTICO

Este cliente é muito desconfiado, sendo assim necessário provar o que você, como vendedor, lhe está oferecendo. Neste caso é importante COMPROVAR tudo. Logo, não se aventure a comentar algo que não tenha como provar que é verdadeiro. Depoimentos de outros clientes funcionam bem com o cliente cético. Demonstrar por estatísticas o sucesso do produto/serviço pode igualmente ser útil.

■Cliente METÓDICO

Este tipo de cliente é detalhista ao extremo, quer saber parte por parte como impactará o produto/serviço que está sendo oferecido. O vendedor precisa identificar este cliente logo nos minutos iniciais da conversa, de sorte a ser mais METICULOSO na apresentação, pois o processo de decisão deste cliente é lerdo, minucioso e estudado.

■Cliente INDECISO

A insegurança é o principal obstáculo a ser superado neste perfil de cliente, pois ele não gosta de tomar decisões sozinho. O vendedor deve estar preparado para decidir pelo cliente, deve ser mais AGRESSIVO na apresentação, forçando o fechamento com argumentos fortes. E, no final, sempre enfatizar para o cliente que "ele" fez um grande negócio, que "ele" tomou a decisão certa.

■Cliente INDIFERENTE

A dificuldade neste tipo de cliente é que ele não demonstra emoção durante a apresentação do vendedor, é antipático, e desta forma a melhor estratégia é ser INQUISITVO, fazendo muitas perguntas abertas para forçá-lo a falar, e com isso conseguir pegar os ganchos certos. É muito importante retirar o cliente da zona de marasmo em que ele se sente confortável. Ou seja, o fundamental é não aceitar a indiferença.

■Cliente PROTELADOR

Este perfil de cliente tem como hábito deixar tudo para amanhã. Neste caso, o importante é ser EMOCIONAL para demonstrar perda por ele não se resolver no momento da venda. O vendedor precisa trabalhar o medo do cliente em empurrar a decisão, o que pode ser feito deixando claro possíveis alterações de preço, entrega, ou mesmo o fato de o concorrente já estar mais avançado.

■Cliente EXIGENTE

Este é um cliente prepotente, acha que conhece completamente do assunto, quer comandar a apresentação, quer comprar e não quer que o vendedor venda. A melhor estratégia neste caso é ser PASSIVO, não avançando demais sobre o cliente. Use o ego dele a seu favor, elogie as conquistas dele, deixe claro como o seu produto/serviço tornará a empresa dele ainda melhor e mais perfeita.

■Cliente PRÁTICO

O cliente com esta característica é decidido, é confiante, não gosta de rodeios. Desta forma, o vendedor precisa ser OBJETIVO nas colocações, indo direto ao ponto. As respostas do vendedor precisam ser claras, objetivas e rápidas para passar confiança e credibilidade.

■Cliente VENDEDOR

Este cliente conhece tanto ou mais de vendas do que o próprio vendedor que está lhe oferecendo o produto/serviço. Sendo assim, não precisa ficar elogiando-o, fazendo meandros, derramando-se numa apresentação labiríntica. Vá direto aos benefícios, seja PROFISSIONAL. O vendedor precisa respeitar este cliente para ter a confiança dele, jamais menosprezando-lhe o perfil.

METAS: FATOR DE PROPULSÃO NA CARREIRA

Existem inúmeras maneiras de sermos mais eficientes, sendo unânime o conceito de que trabalhar com metas faz os resultados aparecerem com mais frequência. Quando temos um objetivo a atingir, fica mais fácil dar ritmo ao trabalho.

Contudo, se é tão fácil compreender isso, por que é que muitas empresas e profissionais não trabalham com metas claras?

Segundo o empreendedor Darren Hardy: "Quando éramos crianças, pensávamos que podíamos escrever qualquer coisa que quiséssemos e mandar para o Pólo Norte, e, então, magicamente, todos os nossos desejos apareceriam, na data prevista, debaixo de nossa árvore em nossa sala de estar, embrulhados em papel de seda e com um laço de fita. Quando crescemos, percebemos que não havia um cara gordinho que voava ao redor do mundo em uma única noite num trenó puxado por renas, que descia espremido em nossa chaminé para entregar os nossos presentes. Descobrimos que uma pessoa real tinha de ganhar dinheiro, trazer as coisas para casa, embrulhá-las e colocá-las debaixo da árvore. Eu acho que muitas pessoas ainda acreditam em Papai Noel. Você não pode simplesmente escrever uma lista de resoluções no Ano Novo, colocá-la na gaveta pelo resto do ano e esperar que a vida mude. A maioria das pessoas sabe colocar seus objetivos no papel, mas poucas sabem conquistá-los".

Objetivos ou metas, como queira chamar, são coisas, locais ou momentos que queremos conquistar, estar ou atingir, são balizadores importantes e mágicos que nos fazem movimentar o tempo inteiro.

Como diretor e fundador da Alterdata Software, e com experiência de cerca de 30 anos construindo software de gestão empresarial, tenho visto que o fato de muitos empresários não conseguirem fazer suas empresas crescerem deve-se a que simplesmente não possuem objetivos claros a serem atingidos. O mesmo acontece com certos profissionais que não conseguem deslanchar suas carreiras porque observam os anos se passarem sem coordenar as ações do dia a dia com objetivos e sonhos. Vejo empresas terem metas de vendas mensais – mas não as vejo ter metas de inadimplência, de produtividade, de tempos de entrega, de satisfação de clientes, de satisfação dos funcionários... Com efeito, as metas em geral precisam ser mais granuladas e minudentes do que normalmente são; precisam ser mais monitoradas durante a execução. Os empresários e profissionais estão acostumados a trabalhar com metas de vendas, e nada mais, o que é muito pouco para a magia acontecer.

Existe um estudo de psicologia que pode muito bem explicar a importância de metas claras. Um atleta de saltos com vara, recordista de sua área, conseguia ultrapassar uma determinada altura 8 vezes em cada 10 saltos, o que era uma marca muito boa. Um determinado dia foi desafiado a saltar sem o respectivo sarrafo da altura: precisava saltar sem ver o objetivo – e assim o fez. O atleta comentou que isso não mudava em nada a sua vida, mas o que ele não sabia era que psicólogos haviam instalado sensores de medição nas traves para detectar a altura do salto, a fim de certificar se ele atingiria a marca que já conhecia e era capaz de ultrapassar na maioria das vezes. O resultado foi que em dez saltos ele conseguiu ultrapassar sua marca apenas três vezes, evidenciando baixo rendimento, uma vez que com o sarrafo físico o resultado era oito em dez saltos. Por mais que o esportista se esforçasse, por mais capaz que fosse, por mais vontade que tivesse, ele não conseguiu atingir a meta de altura, pois não conseguia ver o objetivo. Este estudo demonstrou de forma inequívoca que as pessoas precisam ter metas claras, visíveis, palpáveis, algo que lhes permita saber se estão perto ou longe. Não adianta pensar apenas que irá atingir: é importante colocar por escrito, comparar, analisar; é fundamental compartilhar a meta da empresa com todas as pessoas, todas as lideranças, todos os funcionários; cumpre que os colaboradores vejam o quanto estão perto ou longe do objetivo.

Desta forma acredito que tanto as empresas como os profissionais precisam ter metas, necessitam ter objetivos claros a serem atingidos, tanto corporativos quanto pessoais, e estas metas precisam ser:

- Mensuráveis e específicas;
- Focadas em resultados;
- Desafiantes, porém realistas e atingíveis;
- Controláveis;
- Definidas no tempo certo;
- Estratégicas.

Trabalhar sem metas definidas é similar a um navegador sem velas, motor, remo ou leme, que será levado pela correnteza sem qualquer controle. Segundo Chérie Carter – Scott: "O ato de estabelecer objetivos fornece dois bens valiosos para você: sentido de causalidade e marcar para iluminar o caminho. Os objetivos o põem ao timão da sua vida; persegui-los é reconhecer a causalidade sobre a situação. Eles permitem determinar o curso, em vez de simplesmente ficar à deriva e deixar que a vida aconteça para você".

Em quesitos pessoais, as metas nos trazem uma questão psicológica importante, pois nos fazem compreender que um objetivo de longo prazo se conquista com ações de curto prazo. Para entender melhor esta questão, pegue uma folha em branco e escreva no topo: "dez anos". Agora, aliste tudo o que você almeja alcançar neste tempo. Coloque como deseja estar, findo este prazo: ter feito mais um curso superior, comprado uma casa própria, um carro importado, ter dez filhos, enfim, liste o que achar mais interessante. Agora pegue uma outra folha de papel em branco e coloque no topo "cinco anos", listando, desta feita, o que pretende nesta fase. Obviamente que esta segunda folha deverá estar alinhada com a anterior: se colocou como objetivo de dez anos ter dez filhos, então deverá ter cinco filhos nos objetivos de cinco anos. Agora pegue mais uma folha em branco e coloque no topo "um ano", listando, em seguida, tudo o que você espera neste período, o que o fará concluir que precisará ter um filho para estar alinhado com a meta de cinco e dez anos. Isso quer dizer que é importante saber exatamente o que você quer para o futuro para com isso ter ações mais claras no presente, facilitando enormemente atingir seus objetivos. Por exemplo, você entenderá que precisa de um(a) namorado(a) hoje para contribuir para sua meta de 10 anos. Tenha a certeza absoluta de que nada acontece por acaso na vida das pessoas e empresas: conquistas acontecem porque foram desejadas e planejadas, e não apenas porque as queremos. Importa ter ações, como diz a célebre frase de Adam Smith: "Sabedoria é saber o que se deve fazer, a virtude é concretizar".

A disciplina de trabalhar com metas faz as coisas acontecerem. O problema é que nem todas as pessoas são disciplinadas, sendo este um importante elemento comportamental para o sucesso. Sonhar com algo é fundamental, mas apenas sonhar, sem ter ações planejadas, não traz realização, como acontece na seguinte fábula: Era uma vez... num reino distante, um menino que desejava muito casar com a princesa. Sonhava com ela, imaginava como seria o encontro, o que lhe daria de presente, as palavras que diria... O tempo foi passando, o menino continuou sonhando..., crescendo..., tornou-se adulto, sonhando... com a sua princesa... Um dia, já bem velhinho, chorava lembrando do sonho que acalentou tantos anos e não conseguiu realizar. Perguntou: Onde eu errei, Senhor? Sempre acreditei profundamente em ti, que me ajudarias a conquistar a minha amada. Desde menino, sempre quis me casar com a princesa, imaginei tudo que aconteceria, nos mínimos detalhes, até mesmo as juras de amor que iria lhe fazer, mas olha só no que deu! Estou aqui na maior tristeza e a minha princesa nem sabe que existo! Um anjo materializou-se ao seu lado e, com toda a delicadeza, enxugou as lágrimas dos seus olhos e perguntou-lhe: "Meu querido amigo, o que você fez para a princesa saber que desejava casar-se com ela? Que atitude você tomou para conhecê-la e viabilizar o seu sonho?"

Esta simples história ilustra o que a maioria das pessoas fazem na vida a respeito daquilo que querem. Eu quero tanto isso... Mas, e daí? Se fosse assim tão fácil, não teria graça alguma... É necessário objetividade para lidar com os desafios da vida. Enquanto ficamos pensando, sem termos ações concretas, nada realmente acontece.

Então, o que é preciso fazer para alcançar o que se quer?

Em primeiro lugar, um objetivo bem claro, que realmente identifique o que você deseja. Daí, se perguntar: "O que me impede de ter o que quero?" Isso tanto poderá ser inúmeras metas na empresa, como várias conquistas pessoais.

O problema é que, na maioria das vezes, você se depara com mudanças internas que precisam ser realizadas. E aí? Estará disposto ao desafio das transformações? Enquanto você não tiver a disposição de empreendê-las, não terá êxito. Se verdadeiramente quiser mudar, escolherá fazê-lo e assumirá o compromisso de se dedicar por inteiro ao processo de mudança. Com efeito, se confiar no pensamento de que deve mudar, tomará a firme decisão de fazê-lo, em que pese eventuais sacrifícios envolvidos. Seguir seu ritmo interno resulta em escolha importante, mas não se acanhe de pedir opinião de amigos relevantes, clientes, fornecedores, especialistas no assunto: afinal, o contato com tais pessoas poderá ajudar a definir suas metas fazendo-as atingíveis, mensuráveis e sem devaneios.

E como irá atingir o seu objetivo? Chegamos ao momento decisivo de você traçar sua estratégia, de planejar as atividades que deverão ser realizadas para alcançar o que pretende. Não importa se o seu objetivo é material, financeiro, espiritual, emocional, ou simplesmente fazer exercício físico. Você vai precisar de uma estratégia do mesmo jeito! É claro que terá de estar adaptado àquilo que você quer atingir. Eis aí o real motivo de precisar ser bem claro com relação ao seu objetivo. Se você quer ser um gerente ou diretor de uma empresa, comece a criar metas pessoais detalhadas no seu departamento, para mostrar que você tem capacidade de gestão, o que, além de ajudar muito a empresa para a qual trabalha, torna-o indispensável, conferindo-lhe, assim, valor.

Deste modo, toda vez que precisar fazer uma mudança em sua vida, além do objetivo claro, da disposição, você também precisará de paciência, porque todo objetivo leva um tempo para ser alcançado. Aí vem a pergunta: em quanto tempo você quer o que se propõe? Estabeleça um prazo, mas um prazo viável: não adianta sonhar com coisas inatingíveis na prática. A paciência é uma demonstração de tolerância enquanto você espera pelo resultado daquela mudança que está sendo trabalhada. E, como você já deve saber, a mudança raramente é fácil – e você precisa praticar a delicadeza e a paciência consigo mesmo, enquanto vai trilhando seu caminho neste processo de forma segura. Trabalhar um objetivo pode ser um processo lento, meticuloso. É a paciência que lhe dará o ânimo de que precisa para atingir o que você quer. Lembre-se do prazo que você estabeleceu. Procure cumpri-lo à risca. É muito importante estabelecer um sistema para checar as atividades que configuram a realização de sua meta. Por exemplo, se o seu objetivo levará dois anos para ser realizado, a cada final de mês, sente com o seu plano de ação (que já deve ter sido escrito, juntamente com a sua estratégia). Avalie o que você já fez, veja quais são as atividades para o próximo mês, coloque-as na sua agenda de ações, veja o que depende dos outros a fim de cobrá-los. Existe algum item que você não conseguiu realizar? Pergunte-se o que ficou pendente e por quê. Empenhe-se na conclusão de cada etapa.

No meio do caminho, muitas vezes vai batendo o cansaço, uma sensação de que é melhor desistir, quem sabe mudar o objetivo? É justamente neste momento que entram em cena dois outros componentes: o compromisso e a persistência. Compromisso significa devotar-se a um objetivo ou a alguém e permanecer com ele – não importando o que venha a acontecer.

Então estará na hora de renovar o seu compromisso, e aí é importante que você tenha o seu objetivo por escrito de modo a facilitar o seu contato com ele! A persistência é que vai levá-lo de um estágio a outro do processo em paralelo com a paciência, impedindo-o de desistir do que tanto deseja, levando-o ao mesmo tempo a atitudes bem concretas para a consecução. Se estamos falando, por exemplo, do objetivo de um empresário de ter mais filiais de sua empresa, certamente foram traçadas ações e etapas a serem cumpridas, que nem sempre são atingidas na prática, sendo necessário compromisso, persistência e replanejamento, se for o caso, mas sem desistir ao primeiro obstáculo. Naturalmente que isto não significa que o rumo não poderá ser ajustado em algum momento, dando um passo atrás em dado instante, ou ainda adaptando a meta para uma nova realidade, sem prejuízo da certeza de estar realizando as sucessivas etapas ao longo do caminho.

Ser realista é portanto indispensável. Ocorre que muitas vezes você se depara com questões que sozinho não consegue resolver. Está na hora de ter humildade suficiente para procurar ajuda. Lembre-se que todo planejamento de objetivos é feito a lápis e não a caneta, ou seja, tem que ser feito de uma forma que possa ser refeito a qualquer momento, haja vista que é muito comum se traçar uma meta com a respectiva estratégia para atingi-la e no decorrer do tempo perceber que, com o caminho imaginado, não se chegará ao objetivo. Cumpre, pois, replanejar. Lembre-se que o acompanhamento é fundamental para se descobrir que "não irá bater a meta se continuar como está indo", o que obviamente é bem melhor do que concluir tarde demais que no tempo estipulado não colocará a mão na taça.

Se você trilhar estas etapas, com objetividade, clareza e atitudes realistas, com certeza chegará ao ponto desejado. Metas são a BÚSSOLA de que precisamos para nos guiar aonde queremos chegar.

TÉCNICAS PARA MUDAR

Para sairmos de um lugar e irmos para outro é necessário mudar; para sairmos de um emprego para outro é importante alterar algo; para sair de um casamento para outro é necessário fazer mudança. Mudar é um requisito que faz parte da vida de quem pretende estar em uma posição melhor e mais feliz, contudo este processo não é fácil de ser realizado, nem pelo condutor da mudança nem muito menos pelo conduzido do processo.

Dentro de uma empresa, no atual estágio de competição, a mudança ágil é um grande diferencial competitivo, porém a empresa é feita de pessoas, e a essência da evolução do negócio está nestes profissionais aceitarem e se engajarem neste processo. Observo empresários com frequência se desesperando, dizendo que sua equipe é fraca e não reage na velocidade que ele quer, quando se sabe que em muitos casos o problema está no condutor deste processo evolutivo.

O ser humano é um animal como qualquer outro, funciona muito sob condicionamento, de sorte que tanto o condutor como o conduzido precisam de boas rotinas para estar em um ciclo positivo de fazer as coisas certas. Isso vale também para o processo de mudança, visto que num ambiente altamente estável é mais difícil de mover-se do que num ambiente naturalmente que se movimenta para a mudança. Desta forma, uma das primeiras coisas em que refletir é a necessidade de o condutor continuamente retirar a sua equipe da zona de conforto, não deixá-la acomodar-se em rotinas regulares. Deixar claro para todos que a organização valoriza o processo de mudança contínua, estimular a equipe a criar e dar dicas importantes para o processo de alterar algo, alguma rotina, tarefa, forma de funcionamento...

Às vezes somos condutores e conduzidos de nós mesmos e, para isso, a nossa disciplina precisa ser maior ainda.

O normal do conduzido é querer resultados no curto prazo, recompensas rápidas e diárias, assim como o condutor também os quer, mas no longo prazo. Sacrifícios de ambos os lados são necessários o tempo todo.

Às vezes ocorre que o que aparenta ser um problema das pessoas é uma dificuldade existente na situação. Estudos psicológicos demonstram que as pessoas ficam presas a situações por questões emocionais e não práticas ou lógicas. Muitas vezes não faz sentido o comportamento que faz determinada pessoa ficar presa em certo contexto, mas é uma caraterística do ser humano e não daquela pessoa exclusivamente. Assim, o condutor deve mudar a situação para facilitar a vida dos conduzidos: quanto mais o condutor esperar que a equipe mude sozinha, mais dificuldades terão.

Por esta razão, quando o condutor e o conduzido são a mesma pessoa, como acontece no processo de divórcio, tudo fica mais complicado. A insegurança de trocar o ambiente que já conhece, mesmo que não goste, por um ambiente novo e diferente, que não sabe se gostará ou se adaptará, é uma grande interrogação. Neste caso pessoal, é importante separar o passado do futuro, ou seja, é imprescindível esclarecer o que o prende a um passado de que não gosta, para mais à frente refletir sobre a entrada num futuro que lhe poderá ser venturoso. Quando se depende de resolver a incerteza do futuro, o processo de mudança torna-se sensivelmente mais complicado.

O condutor deve ter cuidado para não julgar como preguiça da equipe o que na verdade pode ser EXAUSTÃO. O cansaço da equipe pode levar a interpretações errôneas, pode cair a produtividade e, desta forma, o ideal é escutar a equipe o tempo inteiro. Deixar tudo em pratos limpos certamente contribuirá para o sucesso da comunicação, fazendo com que toda a equipe saiba para onde a empresa está indo.

Desta forma, é muito importante INDICAR DESTINO, demonstrar para a equipe o tempo inteiro que para chegar onde queremos é preciso dar os passos que a mudança exige. É importante o condutor entender que o natural da equipe é estar no automático, isto é, ir pelo caminho que já conhecem. Esta a razão por que o condutor precisará aplicar um bom tempo a fiscalizar para que todos tomem efetivamente o novo caminho, fazendo diferente, sendo distinto do que era, já que isso não se realiza num estalar de dedos, num piscar de olhos, do dia para noite.

Outro aspecto fundamental é ENCONTRAR O SENTIMENTO da equipe quando acontecer a mudança, pois só o conhecimento não é suficiente. É preciso fazer com que as pessoas sintam irritação, esperança, preocupação, entusiasmo, medo, felicidade, surpresa ou outra emoção qualquer, mas é importante que sintam. O condutor não deve presumir que o fato de ter passado o que se deve fazer durante a mudança simplesmente será aceito, eis que não é assim que o ser humano funciona.

Para facilitar o processo de mudança é importante que o condutor tenha a certeza de que precisará FORMAR BONS HÁBITOS, sobretudo quando os agentes estão acostumados com hábitos antigos e enraizados dos processos até então vigentes de voar por instrumentos. As pessoas são incrivelmente sensíveis a normas e expectativas de seu entorno social e cultural, todos querem vestir a roupa adequada, dizer as coisas certas e frequentar os lugares certos. Tal comportamento é contagioso, daí a importância de desenvolver novos hábitos saudáveis.

Outra técnica que pode contribuir para o processo de mudança é FRAGMENTAR O OBJETIVO final em pequenos objetivos parciais. Às vezes o processo de mudança é muito complexo no todo, sendo longo, difuso e até mesmo desestimulador. Porém, quando o condutor o fatia em pequenos objetivos que possam ser comemorados quando atingidos, motiva-se o grupo por entender que está vencendo etapas, que conquistou algo, assim facilitando chegar ao objetivo final.

Desta forma, quando estiver diante de um processo de mudança, não veja o problema como algo intransponível, pois o que pode estar faltando para o sucesso são técnicas para fazer com que tudo aconteça de uma forma planejada.

A IMPORTÂNCIA DO COLABORADOR EFICAZ

No mundo da gestão empresarial muito se fala sobre a importância do líder eficaz, do líder 5.0, do líder que inspira, mas pouco se fala que este líder de hoje foi outrora subordinado de alguém e que para chegar onde chegou teve que ser um colaborador eficaz, acima da média, com um padrão de desempenho além do normal. A maioria das pessoas parece achar que os empresários de sucesso, os executivos de destaque, os gerentes top de linha são pessoas que nasceram tais, o que não corresponde à verdade.

Fundei a Alterdata Software em 1989 quando ainda tinha meus 25 anos. Naquela altura, eu não era senão um programador "free lancer" que desenvolvia sistemas específicos para diversas empresas. No entanto, já observava o comportamento dos funcionários dos clientes, reparando naqueles que tinham certas atitudes e envolvimentos que davam certo, mas atentava também em outros que, pela forma como agiam, não alcançavam o que desejavam, evidentemente porque o futuro de um profissional é o corolário das ações e comportamentos do presente.

Sendo assim, temos que dar consideração a tudo o que é importante, tanto na fase em que ainda somos um modesto colaborador iniciante na empresa, como quando, mediante promoções, logramos ascender na hierarquia, sendo estas etapas sucessivos degraus que demandam esforço e habilidades específicas para sua conquista. Porém antes, e acima de tudo, exigirá conhecimento, que sempre precisamos aprimorar.

Há pouco tempo, conversando com um importante cliente, ouvi-o dizer que estava com um problema sério na empresa: numa fábrica com cerca de 40 anos de vida, onde muitos dos atuais gerentes são pessoas muito antigas na empresa, que cresceram junto com a organização e são excelentes técnicos, estes simplesmente não se mostravam aptos a liderar um setor, departamento ou filial. E emendou um comentário significativo: "Eles são bons profissionais nas funções erradas".

Este tipo de situação acontece porque estes mesmos profissionais pareciam não compreender que para galgar degraus superiores da hierarquia empresarial precisariam saber algo mais, para além do que sabiam no cargo anterior; que precisariam ser eficazes nestas novas funções, o que no caso em exame não acontecia. Ser um bom vendedor não quer dizer que ele daria um bom gerente comercial; ser bom engenheiro não significa ser bom gerente de fábrica; ser um bom economista não é o mesmo que ser um bom gerente financeiro. Enfim, trata-se de coisas inteiramente distintas, mas que podem ser aprendidas se, e quando, o colaborador entender o que é ser eficaz no cargo que ocupa num dado momento.

Assim, pois, ser eficaz implica o que seu líder poderá confiar que você realizará no prazo determinado, com o custo esperado e com impacto controlado nos clientes (internos ou externos), o que lhe foi incumbido. Algo assim parece simples se nada de errado sobrevier no curso da execução de um projeto. Sempre que um profissional recebe uma tarefa ou objetivo, haverá uma série de ações a realizar que, levadas à prática, permitirão concluir o que se pretendia. Todavia, quando algo der errado – e pode acreditar que dará –, a forma de lidar com estas adversidades, sem contudo perder o foco, é o que essencialmente distinguirá o colaborador eficaz do mero tarefeiro. O colaborador mediano justifica o atraso e a perda do cronograma pelos imprevistos que aconteceram; o colaborador eficaz, por seu turno, sabe que há de haver problemas, mas, ainda que não consiga prever exatamente o que poderá suceder, gerará ações de correção de curso que o farão atingir o objetivo independentemente de eventuais percalços.

Tenha em mente que, quando seu líder lhe designar uma tarefa a ser executada, ele não somente quer que você a execute: desejará que você resolva um problema preexistente. Observe que se trata de noções muito diferentes uma da outra e que precisam ser bem compreendidas. Por exemplo, quando um líder solicita à equipe de manutenção varrer o auditório da empresa, ele está na verdade atribuindo a missão de manter o auditório limpo – e não apenas varrer. Quando o líder confere ao motorista do caminhão da empresa a missão de conduzir o veículo de entrega da companhia até a casa do cliente, ele comunica a este profissional a missão de realizar o desejo do cliente de ter a mercadoria que comprou – e o motorista terá que imbuir-se desta ideia e de tudo o que nela se acha envolvido. O colaborador eficaz consegue perceber com mais clareza a missão por trás da tarefa, com isso ficando mais fácil corrigir problemas de percurso, quando as adversidades se apresentam. Se o caminhão quebrar, o motorista entenderá claramente que não conseguirá atingir o sonho do cliente; se no auditório houver uma teia de aranha no teto, a pessoa da manutenção compreenderá prontamente que varrer o chão é um detalhe do todo, que é manter o auditório esmeradamente limpo. Esta forma de enxergar muda todo o comportamento do colaborador, fazendo que ele seja percebido pelo superior como peça fundamental na engrenagem da companhia.

Destarte existe clara distinção entre ser Eficiente e Eficaz. Não se há de confundir "Eficiência" com "Eficácia". No primeiro caso, "eficiência" consiste na qualidade do que é eficiente, do que tem a capacidade de desempenhar, realizar, de produzir. No segundo caso, "eficácia" refere-se à qualidade de ser eficaz, vale dizer, à força ou virtude de produzir efeito. Os conceitos parecem iguais – mas só parecem. Na prática percebem-se perfeitamente as diferenças, as nuanças. Um funcionário eficiente faz as coisas de maneira correta, desempenha as atividades com foco na produção, realiza as tarefas conforme manuais de procedimento. O colaborador eficaz, todavia, além de reunir as qualidades próprias da eficiência, manifesta a firme disposição de trazer à tona os resultados desejados de forma mais produtiva e objetiva. Em resumo, o colaborador eficaz faz as coisas certas dentro de uma atmosfera de perfeita compreensão dos aspectos envolvidos. Eis aí a grande diferença entre ambos. Afinal, podemos às vezes alcançar uma meta, dispendendo, no entanto, esforço e recursos maiores do que seriam estritamente necessários.

Pessoas há que acham que o profissional de destaque trabalha mais horas do que os demais, que faz mais horas extras, que dedica mais tempo à empresa, o que não é verdade. O profissional de qualidade é aquele que administra melhor o seu tempo para cristalizar os objetivos. Importa, por conseguinte, ser um controlador do tempo pessoal e do tempo de execução dos projetos em que estiver envolvido. Se necessário, este profissional trabalhará além do horário para realizar, para fazer acontecer, eis que ele de fato empenha suas energias – todas as suas fibras – na busca do alvo colimado. Quando tenho um funcionário que quer fazer horas extras com frequência, não o vejo com bons olhos, vez que me passa a mensagem de que este profissional não administra bem suas tarefas; mas, por outro lado, quando vejo um profissional que não fica sequer um dia fora do horário a fim de resolver algo que precisa de solução imediata para não comprometer um cronograma, vejo-o também com reservas, eis que quando necessário o profissional eficaz não reluta em aplicar o esforço correspondente. Problemas de percurso acontecerão para todos, mas segundo William George Ward, renomado escritor inglês de 1850 em diante, "o pessimista queixa-se do vento, o otimista espera que ele mude e o realista ajusta as velas".

De modo que já compreendemos que eficiência e eficácia são coisas distintas, já entendemos que é importante ser um bom administrador do tempo, já sabemos que tarefa é diferente de missão. De modo que está na hora de parar de teorizar e passar à prática. Quando o líder lhe apontar uma tarefa, é fundamental que você saiba a missão que ela encerra. Caso não compreenda, pergunte ao líder, entenda o porquê das coisas, os motivos subjacentes, e, após esta compreensão, atente, durante a execução, aos problemas que acontecerão ao longo do percurso, visto que quanto mais sucesso você tiver em dar adequada solução a eles sem perder o foco, tanto mais eficaz você estará sendo. Lembre-se também do controle do tempo de cada etapa, exercendo-o, se necessário, dia após dia, de tal forma que, se perder o cronograma num dia, poderá recuperar o tempo no dia seguinte, não precisando, portanto, ficar horas e mais horas fora do horário regular para cumprir dita tarefa.

Um bom exemplo é o que acontecia numa antiga fábrica de refrigerantes onde os rótulos eram colados a mão nas garrafas por um grupo de funcionários. Havia ali um funcionário que todos os meses ganhava prêmios de produtividade por ser mais ágil colador de rótulos, até o dia em que a empresa resolveu certificar-se ISO 9000, e os auditores descobriram que o recordista de colagem tinha um problema de qualidade: colava a maioria dos rótulos tortos, ao passo que o funcionário que ficava classificado em segundo lugar, apesar de colar menos, colava com mais precisão no que tange ao alinhamento. Em vista disso, a empresa precisa entender que é necessário ter os dois conceitos muito bem definidos, pois colocar os rótulos com muita precisão mas com tamanha lentidão que se torne impossível entregar o que vendeu, obviamente não está correto; mas, de outra parte, colar velozmente grandes volumes, porém tudo torto, a ponto de comprometer a imagem do produto, é também fora de propósito. O funcionário que ficava em segundo lugar na produtividade estava sendo eficaz: ele tinha boa produtividade – por isso era o segundo colocado – e evidenciava precisão por executar com qualidade. Este é um exemplo alertador que pode ser encontrado em qualquer empresa nas mais corriqueiras situações de seu dia a dia. O importante é entender que a missão, no caso em pauta, era ter refrigerantes com um bonito rótulo bem posicionado, pois os rótulos destarte aplicados contribuíam para a imagem do produto.

Veja-se outro exemplo. Imagine que a missão de dois profissionais seja ir de Juiz de Fora a Belo Horizonte em Minas Gerais. Ambos saem no mesmo horário, porém um pega a BR 040 e chega ao destino em 3 horas, perfazendo os 280 km do trajeto com cerca de 28 litros de gasolina. O segundo motorista resolve seguir caminho mais longo passando por Manhumirim e de lá para BH. Resultado: gasta 16 horas de viagem num trajeto superior a 1.000 km, queimando mais de 100 litros de gasolina. Como não estipulamos um prazo máximo para o cumprimento da missão, ambos foram eficientes, pois cumpriram o que se devia, ou seja, chegaram ao destino. Porém, o primeiro, além de eficiente, foi eficaz.

Pare e pense na sua função e nas tarefas que tem recebido, preste atenção se as tem efetuado da melhor forma possível, pois sempre haverá uma maneira de fazer melhor. Já presenciei empresas que conferem aos líderes o objetivo de mudar para melhor algo que está sendo feito na empresa. Na própria Alterdata já tivemos uma competição chamada "Caça ao Gambá" em que todos na empresa podiam registrar rotinas, processos, métodos utilizados que poderiam ser melhorados ou eram desnecessários. Pretendia-se encontrar coisas que poderiam melhorar a produtividade geral da empresa, e foram postadas mais de 100 sugestões de alterações de rotinas, que, após classificadas, foram ranqueadas, premiando-se posteriormente as três mais importantes.

Nos dias que agora correm, as empresas precisam que seus colaboradores ajudem a administrar o negócio, como atores da transformação deste, mudando para melhor. Segundo declarou Henry Kissinger, " o sucesso resulta de cem pequenas coisas feitas de forma um pouco melhor. O insucesso, de cem pequenas coisas feitas de forma um pouco pior".

Alguns leitores podem estar se perguntando neste momento como saberão se são eficazes ou não, pois a questão pode levar a interpretações díspares resultantes de diferentes padrões culturais de exigência e expectativa. Existem líderes que parecem jamais se satisfazer com o que os subordinados fazem, gerando neles grande frustração. Muitos líderes se comportam desta forma sob a crença de que se passarem a concordar, ou aliviarem nas exigências, os subordinados entrarão em uma zona de conforto – o que não é bem verdade. O bom líder é instrutor, educador, e desta forma, se o liderado não entregar o que se comprometeu conforme os padrões esperados, este deve orientar. Contudo, a recíproca é verdadeira: o subordinado não pode depender de orientação do líder todo o tempo. Existem subordinados que simplesmente não se esforçam, esperando o superior orientar ou até mesmo dar o acabamento final ao trabalho, deixando claro que não estão aptos a assumir cargos mais elevados. O colaborador há de compreender que, ao exercer um cargo e executar as respectivas tarefas, estará sendo concomitantemente avaliado para assumir cargos de maior relevo, e desta forma precisará se esforçar para afinar-se com o que o líder pensa, com o que ele valoriza como padrão de qualidade e excelência, destarte tornando-se mais e mais alinhado com a cultura da empresa. O subordinado precisa ter a certeza de que o líder cansará de orientar e corrigir o tempo inteiro, preferindo, por isso mesmo, outro profissional mais interessado em compreender a missão. Ao subordinado convém compreender que ele é o maior interessado na própria carreira, e haver emergências que exijam resolver problemas no curso do trabalho é saudável: é uma forma dele exercer o que mais tem valor para uma empresa, a saber, "a capacidade de resolver problemas".

Segundo Ives Doz, renomado professor de doutorado em Harward, "a maioria das empresas morrem não porque fazem coisas erradas, mas porque fazem as coisas certas por um longo período de tempo".

Então pare de reclamar da empresa em que você trabalha, e seja o motor da transformação desta organização para os padrões que você acredita serem os melhores do mercado.

Como prática, sugiro ao líder criar uma competição de "Caça ao Gambá", fazendo passar um comunicado que determine que rotinas antigas, ultrapassadas e custosas são gambás na empresa, que em nada contribuem para a organização ser eficaz, razão por que a diretoria precisa que todos ajudem a encontrar e alijar os gambás, expondo as rotinas que acreditam possam ser feitas de melhor forma, com menos custos e maior produtividade. Crie um prêmio que dependendo do porte da empresa tanto poderá ser um almoço num bom restaurante como um carro Ferrari ao vencedor. Tenho certeza que sua empresa melhorará a olhos vistos e todos os colaboradores se sentirão parte determinante da transformação do negócio.

PARADIGMAS PODEM PREJUDICAR SUA CARREIRA OU SUA EMPRESA

É muito simples dizer "não!" para ideias novas. Afinal, elas nos tiram da zona de conforto, quebram o "status quo", trazem incertezas, quando se sabe que o ser humano, na sua essência, não gosta de mudar por ser sempre muito mais fácil fazer as coisas da forma como sempre fez. É mais fácil, talvez, mas, que é mais perigoso, isso é certeza absoluta quando se considera que estamos vivendo um momento de mudanças contínuas no qual a estabilização é um risco.

Ideias novas nos levam a conquistas que ainda não tivemos. Não se há de esperar resultados diferentes fazendo as coisas da mesma forma. Algo simples de compreender, sem dúvida, porém, ainda assim, ideias novas são diariamente rechaçadas em empresas, carreiras, famílias ou qualquer meio social em todo o mundo dada a visão equivocada de que o nosso sucesso no passado garantirá o sucesso no futuro, o que não é verdade. Segundo Charles Kettering, engenheiro autor de mais de 140 patentes nos EUA, "se você sempre fez algo da mesma forma, provavelmente você está errado".

Uma ideia nova pode estar ligada a uma nova forma de gerir a empresa, à maneira de conduzir a carreira, a um grande invento científico ou mesmo a uma simples mudança de uma dada rotina operacional em nosso departamento de trabalho. Seja qual for o caso, a questão é compreender que, se resistirmos à mudança, seremos atropelados na atual sociedade em que vivemos.

No século XVI, em Veneza, Galileu, defensor da teoria de Copérnico, tentava demonstrar sua teoria segundo a qual a terra girava em torno do sol – e não o contrário. Nem é preciso dizer que a tese afrontava todo o conhecimento da época. Violentamente rejeitado, esteve a ponto de ser ameaçado de tortura se não voltasse atrás em suas teorias científicas. De tal sorte que ele encontraria muita dificuldade para implantar na cabeça das pessoas que esta nova ideia tinha fundamento, que era importante, que mudaria a forma de ver inúmeras coisas, fossem elas científicas ou religiosas. Ao final ele venceu: o mundo científico haveria de curvar-se ao que ele descobrira. Porém a questão aqui é outra. Com efeito, o escopo deste artigo é examinar por que as pessoas têm tanta dificuldade para **ver, aceitar e compreender** ideias novas. Por que a primeira impressão que temos, concernente a uma nova ideia, é de que não dará certo? Por que nos sentimos ameaçados quando nos encontramos diante de algo que altera os padrões a que estamos habituados? Por que Galileu sofreu tanto para provar a sua tese para homens tão inteligentes?

Seja você um empresário de sucesso ou um profissional que está começando na carreira, precisa compreender que o mundo se transforma vertiginosamente: conceitos antes estabelecidos passam por um vórtice de mudança, de sorte que o que está certo hoje poderá não estar amanhã. Apenas para ilustrar, observe o poder que os consumidores hoje possuem em função das redes sociais; preste atenção a como o relacionamento patrão/empregado se modificou drasticamente nos últimos anos; note como a qualidade dos produtos é mais valorizada do que os volumes produzidos; considere como os produtos são feitos para atender à expectativa do cliente – e não apenas pela visão da engenharia; tenha presente que muitos estudantes estão aprendendo através de EAD (Ensino a Distância), que disponibiliza conhecimentos mais complexos, difíceis de serem obtidos há pouco tempo; atente a como os profissionais querem ser menos tarefeiros e mais partícipes do processo decisório na caminhada da empresa. Enfim, tudo se transforma, nada é estático, e anteriores modelos de sucesso podem estar apressando o nosso fim se não nos adaptarmos às mudanças que se operam no ambiente em que estamos inseridos.

No momento que você identificar o que gera o bloqueio a novas ideias, estará mais atento a não rejeitar ideias novas – sejam suas ou de outros – entrando em um ciclo de crescimento que certamente lhe trará muito mais conquistas, que por sua vez lhe darão as rédeas do futuro, em vez de apenas aceitar a chegada deste sem que você nada tenha feito para determinar-lhe a rota.

Naturalmente, as aludidas considerações têm a ver com PARADIGMAS.

Os léxicos definem a palavra paradigma como padrão ou modelo. Paradigmas são conjuntos de regras e regulamentos que:

■ Estabelecem limites;
■ Definem como ter sucesso resolvendo problemas dentro destes parâmetros.

Thomas Kuhn, em seu livro "Estrutura das Revoluções Científicas" (1962), salienta que os grandes progressos da ciência não resultam de mecanismos de continuidade, mas sim de mecanismos de ruptura, o que também acontece em nossas empresas e carreiras, vez que estamos acostumados a atender o cliente de determinada forma e questionamos porque haveria de ser diferente; estamos habituados a fabricar nossos produtos com certas ferramentas e máquinas e questionamos porque fazê-lo de outra forma; avaliamos a satisfação dos clientes com certos critérios e não aceitamos outra maneira de agir. Enfim, temos padrões previamente estabelecidos, o que, se por um lado pode ser bom para evitar erros, por outro são fatores que freiam nosso crescimento pessoal e profissional. Os paradigmas funcionam como filtros que retêm dados na nossa mente: constituídos que são por padrões que conhecemos desde criança, ou por formação cultural e educacional, ou por elementos que compreendemos com muita facilidade – o que não é de todo ruim. Mas Thomas Kuhn descobriu, através de seus estudos, um efeito negativo resultante destes padrões, visto que as pessoas tinham muita dificuldade de compreender certos elementos em virtude mesmo de estarem estes fora dos paradigmas estabelecidos na mente de cada um. Assim, quanto mais inesperadas e surpreendentes, maior a complexidade de vermos, compreendermos e aceitarmos novas ideias, concluindo o pesquisador que em muitos casos as pessoas sequer conseguem ver as mudanças, nem mesmo se esforçando por compreendê-las. Pior ainda, alguns distorcem as situações para encaixá-las nos padrões previamente estabelecidos em suas mentes, tudo de forma inconsciente. Kuhn assinalou em seus estudos que situações inesperadas podem ser invisíveis para algumas pessoas com paradigmas muito fortes que se contrapõem à nova ideia.

Na prática, vemos o mundo o tempo inteiro pelas lentes dos paradigmas que temos, razão por que aceitamos mais facilmente as novas ideias que se enquadram perfeitamente em nossos modelos, tentando dessarte ajustar as ideias às nossas crenças, desprezando, ao mesmo tempo, tudo aquilo que está fora de nossos arquétipos. Sendo assim, o que pode ser totalmente óbvio para uma pessoa pode ser completamente imperceptível a outra.

Como sócio e diretor da Alterdata Software, empresa que atua no segmento de software de gestão empresarial, vejo todos os dias paradigmas cerceadores do crescimento de empresas. Verifico profissionais de alto nível não terem sucesso, presos que estão a conceitos do passado. O que as pessoas em geral não entendem é que precisam mudar mesmo que estejam acertando. É lamentável ver empresários que não enxergam a presença de novos mercados, obstruem estratégias eficazes de gerência, mostrando se refratários a novas formas de resolver os problemas que afloram. São nossas regras e regulamentos que, na empresa como na vida pessoal, nos impedem de acertar o passo e construir o futuro, eis que tentamos divisar o futuro pelas lentes de um tempo ido, mediante paradigmas oriundos do passado. Olhamos para os anos 60 e concluímos que a gasolina será sempre barata, que quatro filhos é o ideal, a televisão a cabo nunca dará certo, os produtos japoneses nunca irão prestar, e, em todos estes casos, nos compenetramos da enormidade dos erros, afora outros conceitos a que estamos presos em decorrência dos nossos paradigmas.

Em termos práticos, tomemos o caso das pessoas que assumiram a corrida como meio de se manter em forma. Indague quantos estariam dispostos a entrar numa corrida de 112km de distância. Mas uma corrida a pé, não de carro ou moto. Na mente da maioria das pessoas, a distância de 112km não combina com uma corrida a pé, mas, de carro ou moto por certo seria sopa. No norte do México, entretanto, corridas de 112km são comuns em uma tribo indígena: fazem isso como parte de uma comemoração religiosa. Cumpre perguntar por que é tão fácil para eles e tão difícil para nós? Simplesmente porque os paradigmas são diferentes, e não porque haja alguma predisposição genética. Tenho certeza de que se um de nós tivesse crescido na aldeia deles correria a mesma distância sem grandes complicações dado o fato de que teríamos os paradigmas deles, pelos quais tal é possível.

O que pode ser impossível com um paradigma pode ser viável mediante outro. Desta forma, pare e pense se não seria possível à sua empresa implementar diferentes formas de venda dos produtos; de operacionalizar diferentes maneiras de atender o cliente no balcão; de controlar custos de uma forma mais otimizada; de fazer a contabilidade de uma maneira mais racional; de controlar o sucesso das pessoas de uma forma inovadora; de fazer a entrega dos produtos em menor tempo. Enfim, analise o quanto você desprezou boas ideias provenientes da sua equipe simplesmente porque, como líder, confinou-se a preconceitos, paradigmas e padrões culturais preexistentes.

Grandes mudanças vêm de pessoas que não fazem parte do mundo de negócios em que estamos imersos; ou seja: pessoas alheias aos nossos padrões ajudam a encontrar soluções, contudo, nem sempre estamos prontos para escutá-las. Um exemplo aconteceu em uma fábrica de eletrodomésticos bastante moderna, onde de vez em quando uma das máquinas da produção, que colocava os liquidificadores automaticamente dentro da embalagem, resolvia não funcionar, fazendo com que algumas caixas chegassem às lojas vazias, sem os respectivos produtos dentro delas. O setor de engenharia foi acionado para dar solução ao problema que causava evidentemente grande perda de credibilidade perante os clientes. Ficaram semanas estudando uma nova tecnologia para garantir que as caixas estariam sempre com os produtos no seu interior. Estudos concluíam que seria necessário investir milhões de dólares em raio laser, balanças de precisão e outros dispositivos eletrônicos. Até que numa das reuniões de trabalho no âmbito da produção, um simples operário pediu para dar uma ideia. A despeito da rejeição de alguns engenheiros, o presidente da empresa deixou que falasse. Foi aí que ele deu a ideia de colocar um grande ventilador, desses que existem em restaurantes, na lateral da esteira que transportava as caixas. Assim, as caixas que estivessem fechadas e vazias voariam lateralmente. Simplesmente uma solução genial, desde que barata e de rápida implementação, e que resolveria um problema complexo. Mas por que os engenheiros não conseguiram vislumbrar algo do gênero? A resposta é simples: devido aos paradigmas, pois os conceitos existentes nas cabeças dos especialistas termina colocando-os dentro de um universo muito técnico, distante, consequentemente, de uma solução tão simples.

Isso quer dizer que qualquer um na empresa pode contribuir real e verdadeiramente para o processo de melhoria do negócio. Assim, pois, o empresário ou líder que eventualmente se acha melhor do que as pessoas que trabalham na empresa está perdendo uma imensa oportunidade de crescer, pois, independente do cargo que temos ou da posição que ocupamos, temos os nossos limites. Para quebrá-los precisamos ser excelentes ouvintes, precisamos não dizer "não" de imediato quando nos trazem uma ideia, pois podemos estar caminhando numa direção diametralmente oposta ao nosso mercado, marchando para o abismo do mundo dos negócios, eis que podemos estar rejeitando ideias geniais simplesmente porque não se enquadram em nossos padrões. Desta forma, fique atento, se você é líder, e não desanime, se for o liderado.

Seu sucesso no passado não garante o sucesso no futuro, e pior, o seu sucesso no passado pode impedi-lo de enxergar as mudanças que o farão ter sucesso no futuro. Isto foi exatamente o que aconteceu com o mercado de relógios em 1968, até então completamente dominado pelos suíços. Neste ano eles detinham 65% do mercado mundial de relógios e mais de 80% dos lucros. Porém, 10 anos depois a fatia de mercado tinha se reduzido a menos de 10% – e tiveram que demitir 50.000 dos seus 65.000 relojoeiros. Hoje o mercado de relógios é dominado pelo Japão – que em 1968 não detinha praticamente nenhum mercado expressivo – e o fazem com uma nova tecnologia do relógio a quartzo e bateria, completamente diferente dos relógios mecânicos produzidos à época pelos suíços, que dominavam o segmento. Porém, o mais curioso é que os relógios com a tecnologia atual foram inventados nos laboratórios da Suíça. No entanto, quando esta nova tecnologia foi apresentada pelos cientistas suíços aos fabricantes do mesmo país em 1967, eles rejeitaram liminarmente a ideia, porque esta colidia com os conceitos então vigentes do relógio tradicional: não tinha mancal, engrenagens, nem mola mestra. Desafortunadamente, o sucesso no passado tinha criado paradigmas tão fortes que os impediam de ver que uma ruptura estava para acontecer. Os pesquisadores suíços não desistiram, e apresentaram o projeto num congresso mundial de relojoaria no mesmo ano. Resultado: gostando da ideia, a Texas Instruments dos EUA e a Seiko do Japão simplesmente aniquilaram o domínio suíço. Isso somente aconteceu porque os suíços, deslumbrados pelo sucesso do passado, fecharam os olhos a uma nova ideia porque ela confrontava aquele mundo em que já se destacavam de forma extraordinária.

Eis porque precisamos adquirir a habilidade de quebrar padrões, bem como de ouvir novas ideias e acreditar que podemos fazer melhor mesmo que já tenhamos um passado glorioso. Segundo Ives Doz: "A maioria das empresas morrem não porque fazem coisas erradas, mas porque fazem as coisas certas por um longo período de tempo". Então, abra sua mente e escute as pessoas à sua volta. Quantas vezes vejo na Alterdata, empresa que fundei em 1989, líderes renitentes, difíceis de se deixarem convencer de algo. São, com efeito, excelentes profissionais, mas se perdem em algum momento por estarem presos a padrões que aprenderam no passado. Uma empresa precisa crescer, evoluir, ser melhor para continuar viva, concordem ou não as pessoas que nela trabalham. Vejo empresas de clientes onde a segunda geração começa a administrar, mas os fundadores insistem em não permitir que as ideias dos filhos fluam, que sejam postas em prática, o que constitui um grande risco para o futuro. Lembre-se: os paradigmas dos fundadores da empresa são muito importantes para manter o rumo, o foco, a cultura, mas isso não pode ser um limitador absoluto para a transformação que a empresa precisa empreender no porvir.

Paradigmas afetam dramaticamente nosso discernimento e nossa tomada de decisões, influenciando nossas percepções, e para melhor convivermos com a construção de nosso futuro, temos de conhecer com clareza os nossos próprios paradigmas e estarmos dispostos a irmos além deles. Entenda que o paradigma é uma faca de dois gumes: se você a usa com um dos lados, ela fatia as informações filtrando os detalhes finos e precisos que você necessita para acertar; mas quando utilizada do outro lado, isola você dos dados que contrariam o paradigma. Você vê melhor o que espera ver, o que conhece, o que lhe é mais confortável; mas, tudo aquilo que não se encaixa em seus modelos, nos paradigmas criados ao longo da sua vida, perde nitidez. Então lembre-se: paradigmas são úteis, nos mostram o que é importante ou não, ajudam-nos a encontrar problemas importantes e nos dão regras de como resolvê-los da melhor forma que conhecemos, mantendo a nossa atenção. Porém, os paradigmas podem lhe aprisionar, condicionando-o a fazer algo como se fosse a única forma de fazer algo, levando-o a rejeitar novas ideias que lhe permitiriam executar esta mesma coisa de forma diferente, como que causando uma paralisia que pode destruir uma empresa ou carreira, exatamente como aconteceu com os suíços em 1968. Escute as pessoas que o alertam durante o caminho, e não apenas as que criticam ou elogiam somente na linha de chegada, pois muitas oportunidades poderão advir destes avisos.

Os que dizem que não dá para fazer devem abrir alas e desobstruir o caminho àqueles que estão fazendo.

O último importante elemento a se compreender é que as pessoas que criam novos paradigmas normalmente são pessoas de fora da comunidade das que têm os paradigmas estabelecidos, ou seja, são pessoas capazes de pensar fora da caixa justamente por não estar dentro dela. Independente da idade que tenham estas pessoas de fora, o aspecto preponderante é que elas não estão amarradas aos velhos paradigmas, não tendo portanto nada a perder no processo de criar o novo. Assim é que, para você quebrar fronteiras, precisará olhar para além do que tem feito habitualmente; terá que conversar com pessoas e não apenas tentar convencê-las; terá que ouvir pessoas e não somente escutar suas vozes; terá que experimentar sem medo de errar. E o mais importante: terá que instituir em sua empresa ou departamento em que trabalha o ambiente propício a que todos colaborem com a criação de novos métodos de trabalho sem a obrigação de acertar sempre. Feito isso, os mais velhos, com paradigmas mais sólidos, haverão que esforçar-se para compreender que os novos padrões nem sempre possuem os mecanismos de segurança de que precisam para se convencerem, eis que segundo Thomas Kuhn as decisões sobre novos paradigmas têm por base a fé antes que apenas algarismos e cifras.

A boa notícia consiste no fato de que nós, seres humanos, temos a capacidade de nos reprogramar, descartando paradigmas antigos e adotando novos, de sorte a ver o mundo de uma forma diferente.

Então, como tarefa, pare e responda a seguinte pergunta: "Haveria porventura algo que sua empresa ou setor não pode fazer atualmente, mas, caso pudesse, mudaria radicalmente seus indicadores de desempenho?" Peça a seus gerentes e líderes para apresentar resposta por escrito a esta pergunta.

Pense, pense, pense – e coloque todos os líderes da empresa para pensarem. Faça esta reflexão algumas vezes ao ano, force seus líderes de setor a contribuírem nesta reflexão. As respostas levarão aos limites de seus paradigmas atuais, os quais, uma vez atingidos, permitirão discernir com nitidez os passos necessários para ir além.

■ ■ ■

O que é impossível hoje pode ser o padrão amanhã. Walt Disney dizia: "Eu prefiro o impossível porque lá a concorrência é menor".

O ENDOMARKETING É FUNDAMENTAL PARA O CRESCIMENTO

Foi o tempo em que os funcionários eram operários, que executavam suas rotinas como tarefeiros focados exclusivamente na parte que lhes compete. No mundo em que hoje vivemos os trabalhadores querem e precisam se sentir parte de algo maior, devem estar inseridos num contexto mais amplo do negócio, querem dar mais de si de forma feliz – e para que isso aconteça é muito importante o gestor entender que o endomarketing é a ferramenta mais utilizada para conseguir engajamento da equipe. Os funcionários não fazem o que o líder manda, como acontecia no passado: eles precisam acreditar, convencer-se de que é importante fazer de determinada forma por uma razão específica.

Quando se fala de endomarketing estamos querendo dizer que os clientes internos – os funcionários – precisam de atenção prioritária para que o marketing tradicional tenha sucesso com os clientes externos. Uma equipe apenas estará engajada quando souber o motivo de fazerem as coisas e as razões pelas quais as suas respectivas tarefas se conectam a uma estratégia maior. Para isso é muito importante que o gestor faça uso de uma comunicação eficaz com todos da companhia, facilitando sobremaneira que o marketing tradicional e o setor comercial tenham sucesso garantido. Como exemplo concreto saliento que a equipe de limpeza da empresa precisa estar ciente de que o trabalho deles é tão importante quanto a empresa ter folders promocionais bonitos, é parte da estratégia de passar a imagem de organização para o mercado, compondo o objetivo de deixar todos os trabalhadores felizes por estarem em um ambiente asseado.

Christian Grönroos, um dos mais respeitados autores de endomarketing do mundo, "... parte do conceito de que os funcionários são um primeiro mercado, interno, para a organização. Se bens, serviços e comunicação planejada de marketing, novas tecnologias e sistemas operacionais não puderem ser promovidos entre seus grupos-alvo internos, tampouco se pode esperar que o marketing para os clientes finais, externos, seja bem-sucedido".

O líder que administra uma empresa escondendo da equipe para onde está indo cava para si um problema, visto que é muito mais fácil atingir um objetivo quando todos o conhecem. Seguindo conceitos de gestão mais modernos e atualizados, os líderes comunicam através de marketing interno (endomarketing) o que está acontecendo com a companhia, os sucessos que está tendo, as dificuldades que está encontrando, as metas que precisam ser alcançadas, a valorização dos produtos que trabalha, a definição do que espera dos funcionários, enfim, sendo mais transparente com todos.

Segundo revelam os estudos, o endomarketing surgiu por três motivos:

1) A redescoberta dos recursos humanos como recursos raros e estratégicos para a empresa;

2) A valorização do marketing de serviços como elemento essencial para a performance da organização;

3) A mudança da era industrial para a era dos serviços, onde o conhecimento do prestador de serviços tem mais valor do que o produto em si.

Peguemos o caso de uma loja de eletrônica que conserta TV, onde muitas das vezes o custo do conserto de um equipamento é maior do que comprar um similar novo. Isso se dá porque o produto industrializado tem menos valor do que o conhecimento para realizar o reparo, deixando claro que o profissional que realiza o trabalho é elemento fundamental para o sucesso desta pequena loja eletrônica. Se este técnico não estiver engajado, alinhado e envolvido no empreendimento, jamais conseguirá passar para o cliente a segurança necessária aos bons negócios, nem poderá dar o máximo de sua produtividade por não ter referencial apropriado. Este profissional precisa receber informações regulares da direção da empresa para mover-se ao lado da estratégia do negócio.

Outro elemento que precisa ser considerado é o fato de que quanto mais os funcionários estiverem envolvidos na empresa, nos produtos, na estratégia, enfim, mais eles conseguirão colaborar com ideias novas para transformar a empresa para operação mais competitiva. Funcionários que não criam ou inovam não o fazem por não terem noção do lugar a que a empresa quer chegar no futuro. Sendo assim, quanto mais o líder fizer uso da comunicação interna para demonstrar à empresa que todos estão trabalhando, mais os colaboradores irão contribuir para melhorar os produtos, serviços, atendimento e outros elementos estratégicos para a organização. Também é bom considerar que empresas que crescem agregam funcionários novos o tempo inteiro, os quais precisam entender a mecânica do negócio, e tudo mais que envolve a organização. De modo que, quanto mais rapidamente a cultura da companhia estiver no sangue deste novo membro, mais prontamente ele dará retorno à empresa, além do fato deste novo colaborador se sentir melhor, mais seguro e confortável por saber que tem acesso a informação e apoio. Tudo isso pode ser coberto por uma correta estratégia de endomarketing, de divulgação interna para a equipe de tudo o que está acontecendo na organização.

Desta forma chega-se à conclusão de que a cultura da empresa é aprendida, que é compartilhada, é transmitida, constituindo-se de um sistema de valores implícitos que os homens, em todos os níveis, serão capazes de exprimir se lhes for dada oportunidade. Uma cultura claramente definida é capaz de delinear atitudes adequadas e o compromisso do empregado, de modo a prepará-lo para lidar com a incerteza, aceitar maiores responsabilidades e considerar-se participante da ideia antes que apenas recebedor de ordens.

Um mito sobre endomarketing é o conceito errôneo de que para implementá-lo é necessária uma grande estrutura, o que não corresponde à realidade. Como já mencionado, a essência reside em o principal gestor da empresa, independente do tamanho da organização que preside, ter a certeza de que as pessoas que trabalham na companhia precisam ter conhecimento sobre os produtos, os anúncios, as vitórias, as derrotas, os mapas estratégicos, os objetivos e metas. A partir do momento em que haja esta conscientização, fica mais fácil gerar as ações compatíveis para um endomarketing eficaz.

Outro mito também existente sobre endomarketing é que as informações passadas para os funcionários tornam a empresa mais vulnerável aos concorrentes. Isso não é propriamente verdade, pois assuntos de pesquisa e estratégias ainda em projeto podem ficar confinadas à diretoria e nos laboratórios. Os benefícios da divulgação das coisas que já estão acontecendo são maiores do que esconder de todos. O concorrente sagaz já saberá das informações que você está divulgando para sua equipe antes mesmo de você divulgá-las. Então, pare de se deter em seu inimigo de negócios e pense nos membros do seu time.

Se estamos falando de uma pequena empresa, e o líder fizer uma reunião semanal de 15 minutos passando os elementos acima comentados, já estará fazendo endomarketing. Se este empresário deixar claro para todos as metas da empresa inteira estará fazendo com que todos compreendam para onde estão indo, novamente isto é endomarketing. Se o principal executivo colocar regularmente no mural da empresa o que está acontecendo de bom e ruim com a organização, praticará endomarketing. Todas estas ações não dependeram de grande investimento, mas tão-somente de acreditar que as informações precisam circular por todos os ambientes.

Medidas mais sofisticadas podem ir sendo criadas com o tempo, como seminários, workshops, vídeos, jornais internos, intranets, dinâmicas de grupos e outras. Independente do que se faça, é importante que haja envolvimento com o trabalho, engajamento organizacional e motivação para o trabalho.

Na Alterdata, empresa que fundei em 1989, temos uma cultura sedimentada que julgamos adequada para motivar e divulgar a todos o que estiver acontecendo com a empresa em dado momento. Entre inúmeras ações de endomarketing, destaco um dos pontos altos da comunicação que é a reunião de resultados, na qual a diretoria apresenta de três em três meses os indicadores de desempenho da empresa aos que trabalham na organização, independente do nível hierárquico a que pertençam, deixando claro para todos nossas vitórias e derrotas no trimestre. Este é um momento de transparente divulgação que muito contribui para o engajamento de todos. Outro elemento de que fazemos amplo uso é a Extranet, onde cada líder tem o poder de colocar ou tirar os conteúdos pertinentes a seu departamento, sempre divulgando as novidades do setor em questão. Temos também na empresa um estúdio de TV para gravação de vídeos, produções feitas tanto para o marketing tradicional como para o endomarketing, onde, por exemplo, gravamos mensagens em dias comemorativos importantes como o Dia da Mulher, Dia das Mães, Dia dos Pais e outros mais. Também fazemos muito uso do e-mail, por meio do qual divulgamos questões culturais da organização para os nossos mais de 1.300 colaboradores.

Porém, o tipo de comunicação varia muito de empresa para empresa, e o autor Brum (1998) relaciona os instrumentos operacionais que podem ser utilizados como exemplo e orientações:

■ confecção de vídeos que podem ser institucionais, de apresentação dos produtos: tem como objetivo colocar em contato direto a equipe interna com a realidade em que o seu produto é utilizado;

■ manuais técnicos e educativos, os quais apresentam produtos, os serviços, lançamentos, tendências (em relação à tecnologia e à moda);

■ revista com história em quadrinhos;

■ jornal interno com a utilização de vários encartes, como, por exemplo, área de recursos humanos, projetos, produção e associação de funcionários. Pode também ser utilizada a versão do jornal de parede;

■ cartazes motivacionais, informativos e em forma de quebra-cabeça, sempre com o objetivo de passar novas informações para equipe interna;

■ canais diretos (reunião com o diretor, presidência ou ouvidor interno);

■ palestras internas, programas para apresentar as novidades da empresa, as tendências e a evolução que a mesma teve;

■ grife interna que pode ser utilizada em roupas, bonés e acessórios;

■ memória, ou seja, o resgate da história da empresa, com objetivo de passar a evolução da mesma, às pessoas que não a conhecem;

■ rádio interno para a divulgação de notícias;

■ vídeo-jornal para a divulgação de lançamentos, pronunciamentos de diretores e gerentes;

■ intranet;

■ convenções internas: uso da equipe interna para divulgação de atividades;

■ manuais de integração: muito utilizados para divulgação de alguns aspectos da cultura organizacional.

Esclarecida a importância da comunicação interna, faz-se necessário salientar alguns aspectos a serem observados para que o mecanismo seja aplicado com sucesso nas empresas, independente do tamanho destas:

1- Prioridade da comunicação: qualidade e regularidade da comunicação voltada aos objetivos maiores da empresa – é importante saber com precisão quais são as informações relevantes e a periodicidade com que serão divulgadas;

2- Abertura da alta direção: interesse da cúpula em disponibilizar informações relevantes e estratégicas para todos, garantindo insumo básico para o trabalho de cada profissional;

3- Interesse do colaborador: proatividade de cada colaborador na busca de informações que estarão disponíveis;

4- Veracidade: as informações precisam ser verdadeiras. É muito importante que não haja jogo de influências, ou seja, entender que todos são parte de um time e desta forma precisam saber de verdade o que acontece de bom e ruim;

5- Foco em aprendizagem: a comunicação precisará ensinar algo, fazer com que todos aprendam algo sobre a companhia, sobre a estratégia, sobre o mercado em que estão inseridos, enfim, algo que ajude no dia a dia;

6- Competência de base: é importante que contribua para o desenvolvimento de competências básicas em comunicação (ouvir, expressão verbal, escrita, habilidades interpessoais), assegurando qualidade das relações internas;

7- Velocidade: rapidez nas comunicações internas sem prejuízo de sua qualidade e nível de contribuição aos objetivos maiores;

8- Equilíbrio tecnológico: adequação entre o uso de tecnologia e contato humano para comunicar, dando o calor necessário para a motivação das pessoas.

Como conclusão saliento que o mais importante é que o principal gestor da empresa entenda que cada membro da equipe é parte muito significativa no sucesso da companhia, e por conseguinte precisa agir e não apenas falar. Conheço empresários que falam abertamente que a equipe é importante, que todos são pilares da empresa, porém não comunicam para sua equipe os valores da empresa, onde quer chegar, o que espera de todos, quais indicadores de desempenho estão indo bem, o que é importante saberem sobre os produtos da companhia, enfim, deixam que o grupo trabalhe no escuro.

Sendo assim, como atividade final do artigo releia a lista de sugestões acima, escolha um dos itens para começar a praticar já na semana seguinte. Dentro de um mês, escolha outro item, e já você terá duas ações. Aos poucos irá sentir o retorno do seu time, fazendo sua empresa melhor, mais produtiva e com uma equipe mais feliz.